1 fr. 25 le volume

ŒUVRES COMPLÈTES D'HECTOR MALOT

LE MARIAGE
DE JULIETTE

PARIS

LIBRAIRIE MARPON & FLAMMARION

E. FLAMMARION, SUCC^r

26, RUE RACINE, PRÈS L'ODÉON

P

ŒUVRES COMPLÈTES D'HECTOR MALOT

à 1 fr. 25 le volume

PARIS. — IMP. C. MARPON ET E. FLAMMARION. RUE RACINE. 26.

LE

MARIAGE DE JULIETTE

Ouvrages de HECTOR MALOT

COLLECTION GRAND IN-18 JÉSUS

ÉMILE COLIN. — IMPRIMERIE DE LAGNY.

LE MARIAGE

DE

JULIETTE

PAR

HECTOR MALOT

PARIS

LIBRAIRIE MARPON ET FLAMMARION

E. FLAMMARION, SUCCᵣ

26, RUE RACINE, PRÈS L'ODÉON

AVERTISSEMENT

———

M. Hector Malot qui a fait paraître, le 20 mai 1859, son premier roman « LES AMANTS », va donner en octobre prochain son soixantième volume « COMPLICES »; le moment est donc venu de réunir cette œuvre considérable en une collection complète, qui par son format, les soins de son tirage, le choix de son papier, puisse prendre place dans une bibliothèque, et par son prix modique soit accessible à toutes les bourses, même les petites.

Pendant cette période de plus de trente années, Hector Malot a touché à toutes les questions de son temps ; sans se limiter à l'avance dans un certain nombre de sujets ou de tableaux qui l'auraient borné, il a promené le miroir du romancier sur tout ce qui mérite d'être étudié, allant des petits aux grands, des heureux aux misérables, de Paris à la Province, de la France à l'Étranger, traversant tous les mondes, celui de la politique, du clergé, de l'armée, de la magistrature, de l'art, de la science, de l'industrie. méritant que le poète *Théodore de Banville* écrivît de lui « que ceux qui voudraient reconstituer l'histoire intime de notre époque devraient l'étudier dans son œuvre ».

Il nous a paru utile que cette œuvre étendue, qui va du plus dramatique au plus aimable, tantôt douce ou tendre, tantôt passionnée ou justiciaire, mais toujours forte, toujours sincère, soit expliquée, et qu'il lui soit même ajouté une clé quand il en est besoin. C'est pourquoi nous avons demandé à l'auteur d'écrire sur chaque roman une notice que nous placerons à la fin du volume. Quand il ne prendra pas la parole lui-même, nous remplacerons cette notice par un article critique sur le roman publié au moment où il a paru, et qui nous paraîtra caractériser le mieux le livre ou l'auteur.

Jusqu'à l'achèvement de cette collection, un volume sera mis en vente tous les mois.

L'éditeur,

E. F.

LE
MARIAGE DE JULIETTE

I

Le quartier du Temple se présente sous un double aspect. Dans la partie qui confine au Marais, on trouve des rues larges, bordées de belles maisons qui ont été autrefois bâties pour la noblesse ou la magistrature. Dans la partie qui touche au quartier Saint-Martin, on ne rencontre au contraire que des rues étroites, dont les maisons laides et sales sont occupées par le commerce et la petite industrie parisienne.

La rue des Vieilles-Haudriettes, qui va de la rue du Chaume à la rue du Grand-Chantier, participe de ces deux caractères : par quelques-unes de ses constructions, qui sont vastes et architecturales, elle appartient au Marais ; par sa population ouvrière, au quartier du Temple. Elle est frontière, et comme telle elle tient de ses deux voisins, sans avoir une physionomie propre.

Nulle part on ne trouvera plus d'enseignes aux façades

et d'écriteaux aux grandes portes : larges tableaux noirs
s'étalant d'étages en étages, petites plaques de cuivre,
écussons en tôle vernie, panonceaux, armoiries.

Si le curieux qui passe pour la première fois dans cette
rue lève les yeux sur les enseignes qui ont pour but de
provoquer son attention ou de le guider, il verra qu'il est
en plein dans le quartier de l'industrie des bijoux; pour
un écusson qui lui indiquera les magasins d'un marchand
de peaux de lapin ou les bureaux du journal hébraïque le
Libanon, il trouvera vingt plaques de bijoutiers en or,
en argent, en plaqué, de lapidaires, d'orfèvres, de fabricants de bagues, de boutons, d'épingles, de broches, de
pendants, de colliers, de médaillons, de chaînes, de pen-
deloques, de breloques, de croix, de reliquaires, de cas-
solettes, de tabatières, d'étuis, de briquets.

Seule au milieu de ces enseignes, qui dans leur confusion peuvent troubler l'acheteur indécis, se montre au-
dessus d'une porte cochère une longue plaque en marbre
nôir sur laquelle on lit en lettres d'or gravées en creux,
un simple nom :

DALIPHARE

Pas d'autres indications. Ce nom tout seul en dit assez
sans doute et les explications ne sont pas nécessaires.

Pour les habitants du quartier ou pour ceux qui connaissent l'industrie des métaux, cela est possible; mais
pour le passant ou l'étranger, ce nom propre ne dit rien
de précis, malgré sa physionomie originale. Que vend-on,
que fabrique-t-on dans la maison Daliphare ?

Si l'on regarde par la grande porte, on aperçoit une
cour plus large que longue, autour de laquelle s'élève au
fond une maison à deux étages, et de chaque côté, en
retour d'équerre, des bâtiments qui paraissent occupés
par des ateliers.

La maison, construite au dix-septième siècle, dans les
jardins du couvent des religieuses hospitalières qui ont
donné leur nom à la rue, est un vieil hôtel qui a dû avoir
belle apparence avant d'être approprié aux besoins de

l'industrie moderne. De sa splendeur passée il conserve des fenêtres décorées de rinceaux, et çà et là quelques morceaux de sculpture qui n'ont point encore disparu sous les nombreux tuyaux de tôle et de poterie appliqués sur sa façade, contre laquelle ils ont laissé couler, dans les jours de grande pluie, des traînées de suie et de rouille. Élevées en brique et en carreaux de plâtre, les deux constructions latérales n'ont aucun caractère; elles sont occupées par des hangars et des ateliers.

Au-dessus de celui de gauche se dresse une haute cheminée en tôle, semblable à celle d'un bateau à vapeur, et du matin au soir elle vomit des tourbillons de fumée qui vont noircir la cime d'un vieux peuplier planté au milieu de la cour.

Un appareil de transmission traverse cette cour et va se perdre dans les bâtiments de droite, d'où sortent les ronflements de plusieurs cylindres en mouvement.

Cette rapide inspection ne permet pas, bien entendu, de deviner quel est le genre d'industrie de cette maison; cependant elle fait comprendre que ce vieil hôtel est occupé, au rez-de-chaussée et au premier étage, par des comptoirs et des bureaux, et que dans les bâtiments annexes se trouve une pompe à feu avec des machines. Mais que vend-on dans ces comptoirs? à quoi servent ces machines? Les cylindres qu'on entend tourner écrasent-ils du cacao? lustrent-ils des étoffes ou bien laminent-ils des métaux? Ces questions ne peuvent pas être résolues par un simple coup d'œil.

Mais si le passant arrêté devant cette porte est un curieux qui sait par lui-même se rendre compte des choses, il n'aura pas besoin d'interroger les voisins pour connaître l'industrie de la maison Daliphare : en restant quelques instants en observation devant cette maison, en examinant et en écoutant ceux qui entrent et qui sortent par la grande porte, il aura bien vite une réponse aux questions que se posait son esprit.

Un jeune homme de tournure plus élégante que distinguée, le visage pâli et flétri, l'œil éteint, se promène

sur le trottoir, allant de la rue du Chaume à la rue du
Grand-Chantier. Son pas est impatient; en marchant, il
se retourne souvent pour regarder derrière lui. Il fouette
l'air avec sa canne et murmure entre ses lèvres serrées
des mots inintelligibles; dans chaque voiture qui passe il
plonge un regard curieux. A mesure que l'attente se pro-
longe, son impatience s'accroît et les mouvements de sa
canne sont plus saccadés.

Enfin une voiture de remise arrive par la rue du
Chaume, les stores baissés, et elle s'arrête devant la porte
de la maison Daliphare. Une femme ouvre la portière et
descend sur le trottoir. Elle est vêtue d'une toilette sombre, une voilette de laine empêche de distinguer les traits
de son visage : à travers les mailles étroites de la voilette
on aperçoit seulement deux yeux brillants et un teint
pâle.

Le jeune homme accourt vivement auprès d'elle.

— Encore en retard !

— Il ne voulait pas sortir.

— Alors tu n'as rien ?

— Le coffre est dans la voiture ; vous pouvez le
prendre.

Le jeune homme prend dans la voiture un coffret re-
couvert de maroquin qui paraît avoir un poids assez
lourd, et, suivi de la femme voilée, il entre dans la
maison.

Ils ont disparu sous le vestibule du rez-de-chaussée.
Deux hommes les remplacent devant la porte cochère.
L'un est un petit vieillard sec et nerveux, au nez busqué,
aux cheveux crépus, qui porte des bagues à tous les
doigts, des anneaux d'or aux oreilles, et autour du cou
une grosse chaîne qui s'arrondit sur son ventre proémi-
nent; en tout, l'apparence d'un marchand de lorgnettes
qui fait des affaires. L'autre est un grand jeune homme
imberbe, qui peut être peint d'un mot : « un pâle voyou. »

— J'étais sûr de te voir ici, dit le petit vieux.

— Et vous me guettiez, père Meyer ?

— Oui, mon garçon, depuis une heure, dans ton intérêt, pour t'empêcher de faire une bêtise qui pourrait, passage gratis, te mener loin, au delà des mers, comme qui dirait du côté de Cayenne.

— Vous savez, je n'aime pas ces plaisanteries-là. En tous cas, je préfère risquer le coup plutôt que de me faire encore récurer par vous. Vous n'êtes pas raisonnable non plus.

— Tu ne sais pas ce que tu dis.

— Je sais que l'or vaut 1,800 fr. les 500 grammes et que vous ne voulez le payer que 1 fr. 75 cent. le gramme, ce qui met la livre pour vous à 875 fr. Vous gagnez trop et sans risques.

— Et toi, mon petit, tu veux aussi gagner trop, mais avec risques, et entre nous deux voilà la différence. Pour le moment, ça n'a l'air de rien, mais plus tard ça pourrait être sensible, très sensible pour toi, je veux dire. Crois tu qu'ils vont acheter ton magot sans te questionner ?

— Je dirai que c'est de la cassure que j'ai fondue.

— Comment ça, fondue ?

— Dans une marmite.

— Et où l'auras-tu eue, la cassure ? Tu t'embrouilleras dans tes réponses et tu seras pincé. Ils tiennent leurs comptes dans des livres ; moi je tiens les miens dans ma tête, et quand la rousse veut me faire causer, je réponds ur le mieux de mes amis. Combien pèse ton culot ?

— 1 kilogramme 500 grammes.

— Je t'en donne 2 francs le gramme ; en tout, 3,000 francs.

— Au lieu de 4,500 francs.

— Tu calcules bien, mais tu raisonnes mal, puisque dans ton compte tu oublies la tranquillité que tu trouves avec moi. Estime-la ce qu'elle vaut pour toi, et viens chez le marchand de vin de la rue du Chaume : c'est moi qui paye. Nous ferons nos comptes ensemble.

Pendant ce dialogue, le mouvement des entrées et des sorties sous la porte cochère a continué.

On a vu passer des apprentis qui sur leurs blouses

noires portent des petites boîtes suspendues à leur cou par
des chaînes de fer ; — des femmes pâlies par la misère,
qui entrent là comme au mont-de-piété ; — des hommes
au teint bronzé qui parlent entre eux de placers et de
poudre d'or : un défilé de brocanteurs.

Alors, si l'on rapproche ces diverses observations et si
on les complète les unes par les autres, on trouve que les
cheminées au-dessus des ateliers sont celles d'une fonderie, — que les cylindres sont des laminoirs à métaux,
— que la caisse en maroquin apportée par la femme
voilée devait contenir de l'argenterie qu'on venait vendre,
— que le marchand de lorgnettes était un recoleur, et le
pâle voyou un filou qui cherchait à se débarrasser d'un
lingot volé ; que les hommes qui parlaient de placers
étaient des mineurs californiens ou australiens qui voulaient vendre leur poudre d'or avant de rentrer dans leur
village, — que les apprentis en blouses noires venaient
chercher des matières d'or et d'argent pour être travail-
lées chez les orfèvres et les bijoutiers, et l'on arrive à
cette conclusion que la maison Daliphare fait le commerce
des métaux précieux, qu'elle achète de toutes mains, à
l'état de vieille argenterie, de galon, de cassures, de
poudre, de résidus, de déchets, l'or et l'argent ; qu'elle
fond ces métaux, et qu'après les avoir affinés, elle les re-
vend pour la bijouterie.

Telle est en effet son industrie, et, par le chiffre de ses
affaires, l'étendue de sa clientèle, son honorabilité, sa
fortune, elle se trouve à la tête du commerce parisien.

II

Le jour où ce récit commence, un vendredi soir, les
employés de la maison Daliphare étaient en émoi.

Depuis huit jours monsieur Daliphare était gravement
malade, et les nouvelles qui d'heure en heure étaient
parvenues dans les bureaux avaient été de plus en plus
mauvaises. Ces bureaux occupant tout le rez-de-chaussée
et le premier étage de la maison, tandis que le second

était réservé à l'habitation personnelle, les commis se trouvaient en rapports continuels avec les domestiques, et par ceux-ci ils suivaient pas à pas, pour ainsi dire, la marche de la maladie.

D'ailleurs Lutzius, le caissier, un Allemand curieux et bavard, qui était toujours aux aguets pour apprendre ce qui ne le regardait point, s'était adroitement arrangé pour rencontrer comme par hasard le médecin dans l'escalier, et avec un sourire bonhomme, l'œil mouillé, se frottant les mains, inclinant sur l'épaule son crâne rouge et poli, riant des dents et pleurant du nez, « il s'était permis de demander des nouvelles positives du patron, non par curiosité, car, grâce à Dieu, n'étant point affligé de ce défaut, il n'avait pas l'habitude de s'occuper des affaires des autres, mais par intérêt, par ce sentiment naturel qui fait qu'on prend souci de ceux qu'on aime, et quand on a été dix ans dans une maison, on s'attache, si l'on a du cœur, à ceux sous la direction desquels on a travaillé. »

Ainsi interpellé, le médecin avait secoué gravement la tête et avait répondu que maintenant un miracle seul pouvait sauver monsieur Daliphare. Puis profitant de l'accablement obligé dans lequel ses paroles avaient jeté le caissier, il s'était adroitement esquivé en s'effaçant contre la rampe.

Rentré derrière son grillage, Lutzius avait envoyé chercher le chef de la fonderie, et à l'oreille il lui avait confié la communication du médecin. Puis après le chef de la fonderie il avait fait la même confidence à un autre, puis après cet autre, à un autre encore. De sorte que tous l'avaient successivement reçue, depuis le grand Mayadas, le commis chargé de la correspondance, jusqu'au petit Flavien; et, bien entendu, toujours à l'oreille, avec émotion et componction.

Cette nouvelle s'ajoutant à toutes celles qui se succédaient depuis le commencement de la semaine, avait provoqué les conversations de voisin à voisin. Puis à l'heure de la fermeture des bureaux, on s'était groupé dans la cour ; on avait diagnostiqué, disputé. On s'était reconduit dans la rue. Et en fin de compte on s'était séparé chacun rentrant chez soi assez inquiet.

Pour être exact, il faut préciser ce sentiment d'inquiétude et ne pas laisser croire qu'il était inspiré chez ces employés par la crainte égoïste de se trouver du jour au lendemain sur le pavé, sans place, par suite de l'écroulement de leur maison.

Que monsieur Daliphare mourût ou ne mourût pas de la maladie dont il était atteint, la maison de la rue des Vieilles-Haudriettes n'en continuerait pas moins à être ce qu'elle était depuis trente ans. Il pouvait disparaître, la maison à laquelle il avait donné son nom, mais qu'il n'avait jamais dirigée, resterait après lui debout et solide.

Le vrai chef de cette maison n'était point en effet monsieur Daliphare, c'était madame Daliphare, ou plus justement *Madame*, comme disaient les employés en parlant d'elle. C'était elle, elle seule qui l'avait fondée et qui, par son travail, son intelligence, son énergie, l'avait amenée à ce degré de prospérité ; c'était elle qui, après la mort de son mari (s'il devait mourir), continuerait d'en être le patron, le maître absolu.

Fille d'un brocanteur de la rue des Quatre-Fils, mademoiselle Félicité Choichillon, à l'âge où les enfants jouent encore à la poupée, s'était associée à son père ; mais au lieu de s'en tenir aux habitudes paternelles, c'est-à-dire à l'achat et à la vente de la friperie, de la ferraille et des vieilleries de toutes sortes qui forment le fonds d'un brocanteur du quartier du Temple, elle avait entrepris le commerce de l'or et de l'argent.

Elle avait alors treize ans, et, pour toute instruction, elle savait lire, sûrement et rapidement calculer de tête, et à peu près écrire, pourvu que ce ne fût pas en caractères très fins et qu'elle eût le temps de s'appliquer.

Heureusement pour elle, la nature l'avait douée de ce que l'étude ne donne pas : une volonté qui ne connaissait ni le doute, ni la fatigue, ni le découragement, un âpre

besoin de gagner, et l'intelligence, on peut même dire le
génie du commerce.

Pourvu qu'il achetât sa friperie bon marché et la re-
vendît cher, le père Choichillon était satisfait, et il ne
demandait rien de plus à la vie ; brocanteur il avait commencé, brocanteur il finirait. Sa fille avait d'autres idées
en tête, des rêves d'enfant si l'on veut ; mais qui mieux
que l'enfant sait poursuivre et finalement obtenir ce qu'il
désire ?

En prenant dans la maison de son père la place de sa
mère morte, la petite Félicité, maniant l'argent de la
caisse pour la première fois, avait remarqué que ce qui
donnait les plus gros bénéfices, c'étaient les vieux galons,
les vieilles épaulettes, les timbales d'argent, les four-
chettes cassées. Cette remarque n'avait point été perdue
pour elle : en moins de six mois, la boutique de friperie
avait été vendue, et le père Choichillon n'avait plus
acheté que des matières d'or et d'argent.

Il en avait coûté au vieux brocanteur de renoncer à ses
habitudes. Il tenait à ses courses du matin par les rues
de la ville, à son cri : *Habits, galons !* qui était une sorte
de propriété héréditaire comme une enseigne ; il tenait
surtout à ses stations chez les marchands de vins. Avec
une adresse toute féminine, la jeune fille n'avait point
attaqué de front ces idées ; mais manœuvrant avec prudence, elle les avait habilement accommodées à ses
désirs. Le père Choichillon avait continué ses courses et
aussi ses stations rafraîchissantes ; seulement, au lieu
d'accepter toutes espèces de marchandises comme autrefois, il n'avait plus acheté que celles dans lesquelles l'or
ou l'argent entrait à un titre quelconque, les vieux bijoux
et la vieille argenterie.

Pour Félicité, s'emparant dans la boutique de la place
donnée jusque-là à la friperie et à la ferraillerie, elle y
avait installé un fourneau à réverbère et des creusets en
fer battu margés avec de l'argile ; puis cela fait elle avait
été chercher un habile ouvrier chez un affineur de la rue

Aubry-le-Boucher et elle avait entrepris la fonte des métaux précieux.

Le commerce de ces métaux ne consiste pas uniquement à peser exactement les matières qu'on vous apporte et à les payer d'après la valeur connue de l'or ou de l'argent; puis, cela fait, à les fondre et à les revendre affinés aux orfèvres et aux bijoutiers. Ces matières, en effet, ne sont pas pures, elles contiennent un alliage variable. En France, le titre de ces alliages a été légalement fixé : pour les monnaies d'argent, il est de 900/1000es; pour la vaisselle, de 950/1000es; pour la bijouterie, de 800/1000es. Si ceux qui font métier d'acheter les vieilles vaisselles ou les vieux bijoux n'avaient à peser dans leurs balances que des matières argentifères fondues en France depuis que leur titre a été fixé, le calcul qu'ils ont à faire serait des plus faciles. Mais il n'en est pas ainsi; les objets qu'achètent les fondeurs n'ont pas tous été fabriqués en France; quelques-uns l'ont été dans les pays étrangers et à des époques plus ou moins reculées; leur titre varie donc, et conséquemment leur valeur.

En moins de trois ans, « la petite Choicbillon », comme on disait en parlant de celle qui devait devenir bientôt « Mademoiselle », puis « Madame », apprit à connaître les métaux au point d'en remontrer au meilleur essayeur. Sa pratique valait la plus savante théorie, et plus promptement, plus sûrement qu'un employé du Cabinet des médailles, elle savait reconnaître et estimer les florins de Florence, les sterling et les nobles d'Angleterre, les ducats de Venise ou de Gênes, les écus, les henris, les louis d'or, les médailles, les méreaux et les jetoirs, les lingots frappés à l'écu de Castille qui pendant si longtemps ont été en usage dans les Amériques. Dans sa boutique sombre, assise du matin au soir à son comptoir, ayant devant elle ses balances brillantes, cette jeune fille de dix-sept ans livrait bataille aux juifs les plus retors et ne se laissait pas prendre aux histoires les mieux arrangées de receleurs. Sans jamais écrire un mot sur le papier, elle faisait de tête, en quelques secondes, des calculs compliqués, et ne se trompait jamais dans ses comptes.

Bientôt la boutique de la rue des Quatre-Fils devint trop petite, non pour placer ses employés, elle n'en prenait aucun, mais pour construire les nouveaux fourneaux qui lui étaient nécessaires. Elle loua alors le rez-de-chaussée de la maison de la rue des Vieilles-Haudriettes, et, dans les bâtiments annexés qu'elle fit construire, elle installa avec sa fonderie des ateliers d'affinage et de laminage.

Elle avait alors juste vingt-et-un ans, et, en huit années, d'un pauvre petit fripier elle avait fait un industriel qui pouvait ouvrir des crédits à tous les petits fabricants d'orfèvrerie et de bijouterie du quartier du Temple.

Pendant ces huit années elle ne s'était pas donné une journée de plaisir, pas une promenade à la campagne ; ses seules distractions avaient été, tous les ans, une visite à la foire aux pains d'épice, et de temps en temps, de loin en loin, en été, une soirée à la Gaîté ou à l'Ambigu.

Mais l'accroissement de son commerce et de sa fortune avait enfin modifié sa vie : il avait fallu prendre des commis, établir une comptabilité, et confier à des étrangers la marche de ses affaires jusque-là secrète.

C'était afin d'échapper autant que possible à cette nécessité, pour elle véritablement cruelle, car elle était mystérieuse et cachottière en tout, qu'elle s'était mariée. Le chef de sa comptabilité, Benoît Daliphare, était un bel homme, élève de monsieur Prudhomme autant que de Brard et Saint-Omer ; elle en avait fait son mari, sans exiger de lui, — dans la vie conjugale, rien que sa belle prestance, — dans la vie commerciale, rien que sa belle écriture.

Pendant trente années, le digne homme n'avait jamais été autre chose, dans le monde, que le mari de madame Daliphare, et, dans sa maison, que le premier commis de sa femme.

Son fils même n'avait jamais été son fils. Il avait eu le droit de le promener les jours de sortie au jardin des Plantes, sur les boulevards, aux Champs-Elysées, mais à cela s'étaient bornés ses devoirs de père. Pour tout le reste, Adolphe avait été le fils de sa mère. C'était celle-ci qui avait choisi les premiers professeurs de son enfant, qui plus tard avait fixé le collège où il entrerait, et qui, plus tard encore, avait décidé qu'il lui succéderait dans sa maison. Enfin c'était elle qui, depuis sa naissance, l'avait d'heure en heure dirigé, faisant sentir en tout et pour tout sa volonté de maître autant que sa tendresse de mère, car cette femme, douée de plus de tête que de cœur, adorait son fils.

Dans ces conditions, la guérison ou la mort de monsieur Daliphare ne touchait donc pas ses employés dans leurs intérêts directs. Qu'il mourût ou qu'il ne mourût pas, ils étaient certains que la maison resterait debout, et, au point de vue de leur position personnelle et de leurs appointements, c'était là l'essentiel.

III

Cependant le lendemain matin les employés furent d'une exactitude extraordinaire pour arriver au bureau ; plusieurs même devancèrent l'heure de l'ouverture des portes.

Après tout, c'était le patron ; la curiosité était excitée.

Il n'avait jamais été en situation de rendre service, cela était vrai ; mais, d'un autre côté, il n'avait jamais fait de mal à personne ; et cela lui eût été facile s'il l'avait voulu, car, si peu de pouvoir qu'on ait pour le bien, on en a toujours assez pour le mal.

C'était un pauvre homme ; ce n'était pas un méchant homme. Et, avec une autre femme, moins despote, il eût pu, comme bien d'autres, tenir sa place dans le monde ; non au premier rang, bien entendu, mais dans la foule. C'était heureux qu'il eût plié sous la volonté de sa femme, car s'il avait tenté de résister, il eût assurément été brisé. Ils avaient fait bon ménage, grâce à la facilité de son caractère, et grâce à l'intelligence de sa femme, ils avaient fait fortune

Quelle était cette fortune ?

Les évaluations variaient ; comme toujours, elles allaient à l'extrême.

Si madame Daliphare n'avait pas fait tant de crédits à tous les orfèvres, cette fortune serait considérable. Mais, par ses crédits, elle a perdu beaucoup d'argent. Combien de comptes a-t-elle ouverts qui n'ont jamais été soldés ! Pour une visite qu'on lui faisait, pour un compliment qu'on lui adressait, pour un bouquet qu'on lui apportait de la campagne en lui disant qu'on l'avait cueilli à son intention, elle livrait pendant des mois, pendant des années, des fournitures d'or et d'argent sur lesquelles elle n'avait pas touché vingt pour cent. Combien de petits bijoutiers besoigneux, combien de gros fabricants gênés dans leurs affaires n'ont pas eu honte d'exploiter son faible pour la flatterie et la vanité ! On savait qu'en l'appelant « ma bonne dame Daliphare », qu'en lui disant qu'on lui devait tout, qu'en se mettant franchement (ou hypocritement) sous sa protection ou dans sa dépendance, on faisait d'elle ce qu'on voulait, et l'on en avait largement usé.

Sans nier ces crédits, ils n'étaient pas ce qu'on voulait bien dire, et la fortune de la maison Daliphare, fortune liquide et certaine, était magnifique.

Magnifique est un mot. Quel était le montant de cette fortune ? A cela on ne pouvait répondre par un chiffre, et l'on était d'accord que trois personnes seulement à Paris pouvaient le fixer : l'agent de change de madame Daliphare, son banquier et son notaire, monsieur de la Branche ; et encore pour cela eût-il fallu les réunir tous les trois ; car, si le banquier connaissait les valeurs de banque, l'agent de change, les valeurs de bourse, et le notaire, les valeurs immobilières, aucun d'eux ne pouvait additionner ces trois chiffres et en former un total.

L'ouverture des portes par l'homme de peine, chargé de la garde des bureaux, interrompit ces discussions des employés. On l'entoura, on se jeta sur lui pour avoir des nouvelles de la nuit.

Elles étaient aussi mauvaises que possible. On avait été, à cinq heures du matin, chercher l'abbé Turgis, le vicaire des Blancs-Manteaux, et maintenant on attendait la catastrophe d'un moment à l'autre. A ce moment entra dans le bureau un petit homme, le front baigné de sueur et les chaussures blanches de poussière.

— Comment va le patron? dit-il en accrochant son chapeau à la patère qui était derrière sa place.

— Mal, très-mal.

Peu s'atisfait de cette réponse, le petit homme se mit à faire le tour du bureau, interrogeant ses confrères les uns après les autres, à tous posant la même question : « Est-ce qu'on croit que c'est pour aujourd'hui? Comme c'est malheureux! Pour ce matin peut-être? »

Ainsi s'avançant toujours, il arriva à la caisse de Lutzius, et il posa ces questions à celui-ci :

— Vous êtes vraiment trop curieux, dit le caissier du ton rogue que prennent les gens lorsqu'ils croient de leur devoir de donner une leçon de morale ; je ne connais rien de plus mauvais que la curiosité. La Bible nous apprend...

— Que vous importe, mon cher Pommeau, que ce soit pour aujourd'hui ou pour demain? interrompit Mayadas, qui précisément était en conférence avec le caissier. Ce qu'il y a de certain, c'est que monsieur Daliphare est perdu ; ce soir, demain, ce n'est plus qu'une affaire de temps, d'heures, de minutes peut-être.

— Voilà précisément pourquoi j'insistais, répliqua Pommeau d'un air naïf. Puisque le patron est condamné, il doit mourir. Alors je voulais savoir s'il mourrait ce matin, parce que mort on ferme la maison, n'est-ce pas? et, dans ce cas, je peux retourner tout de suite à la Varenne.

— Est-ce que votre femme est malade?

— Oh! non ; seulement j'ai de la salade à planter, et, de ce temps sec, si elle n'est pas arrosée plusieurs fois par jour, elle ne reprendra pas. Que M. Daliphare meure aujourd'hui, on l'enterra lundi. Ça me ferait trois jours à la maison ; ma salade serait sauvée.

— Franchement, s'écria Mayadas en riant, vous êtes

superbe. Toutes les passions, même celle du jardinage, nous rendent féroces.

— Je ne souhaite pas la mort de monsieur Daliphare, pauvre cher homme.

— Non, répliqua sévèrement le caissier, seulement vous l'exploitez d'avance, ce qui est tout aussi immoral.

— Pour moi, continua Mayadas, je ne la désire pas plus que je ne l'exploite, cependant j'avoue que je me demande avec une certaine curiosité ce que « Madame » répondra désormais aux propositions qui lui seront faites. Quand elle ne voulait pas les refuser franchement, elle avait l'habitude de dire : « Il faut que je consulte mon mari. » Comme si le pauvre homme avait été autre chose qu'un zéro dans la maison ! Maintenant, comment se tirera-t-elle d'affaire ?

— Elle dira qu'il faut qu'elle consulte son fils, répliqua le caissier en riant silencieusement de cette plaisanterie.

— M. Adolphe n'est pas à Paris, continua Pommeau.

— Il y reviendra ; je lui ai envoyé hier une dépêche à Amsterdam, dit le caissier : il arrivera sans doute aujourd'hui ou demain, car il connaît la situation de son père.

— Oui, mais restera-t-il à Paris ? demanda Mayadas, et « Madame » voudra-t-elle l'associer à ses affaires ? Vous savez mieux que moi comme elle est jalouse de son autorité ; elle ne pourra pas faire de son fils ce qu'elle a fait de son mari ; il faudrait qu'elle partageât avec lui.

— Si, au lieu d'être depuis un an seulement dans la maison, continua Lutzius, vous y étiez comme moi depuis dix ans, vous ne parleriez pas ainsi. Que « Madame » veuille être maîtresse chez elle, c'est vrai ; mais s'il y a quelqu'un au monde devant qui elle ne passe que la seconde, c'est son fils. Non seulement elle céderait sans crier son autorité à M. Adolphe, mais encore elle la lui offrirait.

— Alors pourquoi l'a-t-elle envoyé à Liverpool, à Londres et à Amsterdam ? On dit que c'est pour qu'il apprenne le commerce à l'étranger, mais pour moi ce

n'est là qu'un prétexte. La vérité est que M. Adolphe
n'était plus un jeune homme qu'on pouvait faire marcher
comme on voulait ; il prenait trop d'empire dans la maison, on l'a exporté comme dangereux.

— Vous avez raison de croire que M. Adolphe n'apprend pas le commerce à l'étranger, attendu qu'il sait
tout ce qu'il a besoin de savoir et même plus ; mais vous
avez tort de penser qu'on l'a renvoyé parce qu'il prenait
trop d'empire dans la maison.

— Alors ?

Lutzius regarda à travers le grillage de sa caisse. Les
commis étaient à leur place, et déjà quelques personnes
étaient devant les guichets, faisant peser les objets
qu'elles apportaient pour les vendre. On pouvait causer
dans la caisse sans être entendu au dehors.

Cependant, pour plus de sûreté, il fit signe à Mayadas
et à Pommeau de s'approcher.

— Vous, Pommeau, qui êtes depuis longtemps ici,
dit-il à mi-voix et en mettant sa main devant sa bouche,
vous avez vu M. Adolphe dans la maison, et vous savez
si « Madame » avait peur de lui laisser prendre de l'autorité. Elle le poussait toujours en avant au contraire, et
comme il est naturellement assez timide, prêt à voir des
difficultés et à se faire des scrupules dans tout, elle le
forçait à prendre tout seul des décisions importantes. Ce
n'est donc pas la raison que donne Mayadas qui fait que
M. Adolphe se promène à l'étranger, où il avait tout
d'abord été envoyé pour un mois et où il est depuis bientôt un an. C'en est une autre.

— J'ai entendu dire, interrompit Pommeau, que
« Madame » avait peur de voir M. Adolphe faire un mauvais mariage, et que c'est pour cela qu'elle l'a envoyé
voyager. Seulement, comme ça ne me regardait pas, je
n'en sais pas davantage.

— Moi non plus, ça ne me regardait pas, continua
Lutzius, et, si j'en sais plus que Pommeau, c'est par
hasard, c'est que j'ai causé avec les uns et les autres, et
que tout naturellement j'ai appris bien des choses. Je

n'ai pas pour habitude de me mêler de ce qui n'est pas mes affaires ; ma caisse le jour, le soir, quatre ou cinq chopes avec ma pipe, et je suis content. Nous ne sommes pas, nous autres têtes carrées, comme les Français qui se fourrent dans tout et qui ne peuvent pas entendre parler d'une histoire de femme sans ouvrir les yeux et les oreilles. Moi, les histoires de femme, ça m'ennuie... comme toutes les histoires d'ailleurs.

— Enfin, vous savez celle-là, interrompit Mayadas.

— Vous voilà bien avec votre curiosité ! Quel drôle de caractère que celui des Français ! Mais comme je suis bon enfant, je veux vous satisfaire. Vous avez dîné à Nogent, n'est-ce pas, avec tous les employés, lors de la fête de madame ?

— Oui.

— Alors, si vous avez des yeux pour voir, vous avez remarqué une jeune fille qui à table était placée à la droite de M. Adolphe ?

— Assurément, et je la vois encore ; je vois ses yeux profonds, sa bouche souriante et ses cheveux. Oh ! quels cheveux ! elle s'habillerait avec !

— Eh bien ! cette jeune personne était mademoiselle Juliette Nélis. Mademoiselle Nélis est la fille du financier Nélis dont vous avez sûrement entendu parler. A seize ans, elle a perdu son père, et elle est restée avec sa mère, complètement ruinée, si bien ruinée qu'elle a été forcée de travailler pour vivre. Heureusement, elle avait étudié la peinture ; elle a peint pour gagner le pain quotidien. Madame Daliphare était liée avec la famille Nélis. Quand celle-ci a été ruinée, elle a continué à recevoir la mère et la fille le dimanche à Nogent. La jeune personne était jolie et elle retenait M. Adolphe à la maison, en l'empêchant de canoter, d'aller aux courses et de s'amuser avec les gueuses. Il paraît qu'il y a en France des mères qui spéculent ainsi sur la beauté des jeunes filles pour garder leur fils près d'elles et les préserver de certains dangers. Peut-être que si M. Adolphe avait fait de mademoiselle Juliette sa maîtresse, ça aurait continué à bien marcher.

Madame Daliphare aurait fermé les yeux, heureuse
d'avoir son fils sous son aile. Mais ça ne s'est pas arrangé
comme ça. M. Adolphe s'est mis à aimer mademoiselle
Nélis pour tout de bon, et celle-ci, qui est une fine
mouche, n'a pas été assez bête pour devenir la maîtresse
d'un homme riche, très riche, dont elle pouvait faire son
mari. Quand madame Daliphare s'est doutée de la tournure que les choses prenaient, elle a envoyé M. Adolphe
à l'étranger ; maintenant elle le fait revenir pour la mort
de son père ; mais le gardera-t-elle à Paris ? S'il aime toujours mademoiselle Nélis, on ne peut point, n'est-ce pas,
lui laisser épouser une femme qui n'a pas un sou de
dot ?

A ce moment, un commis, descendant des appartements particuliers, se précipita dans la caisse et s'approchant de Lutzius :

— Le patron est mort, dit-il.

— C'est vrai ?

— Il vient de mourir : c'est Françoise qui me l'a dit.

IV

L'entrée bruyante du commis dans la caisse avait attiré
l'attention de tous les employés. On savait qu'il descendait du second étage, et son air effaré annonçait une
catastrophe.

Chacun se leva et accourut vers le bureau de Lutzius.

Deux commis qui étaient à ce moment même occupés à
peser des matières d'or, abandonnèrent leurs balances
pour venir savoir ce qui se passait.

Les personnes qui étaient devant leurs guichets, en
voyant cette disparition inexplicable, restèrent ébahies :
l'une était une femme du peuple, qui tenait un enfant au
maillot dans ses bras, l'autre était une femme élégante et
distinguée.

— Eh bien ! s'écrièrent les deux commis en arrivant dans la caisse.

— Le patron est mort, répondit doucement Pommeau ; Flavien le sait par Françoise : c'est certain.

— Messieurs, dit Lutzius, retournez donc à vos places ; ce que vous faites là est inconvenant.

Sans répliquer, les deux curieux revinrent à leurs comptoirs.

— Est-ce que vous n'allez pas me payer mon anneau ? demanda la femme à l'enfant, qui avait entendu la réponse de Pommeau ; je ne pourrais pas attendre.

— Si... 2 grammes d'or à 2 fr. 80 le gramme, cela fait 5 fr. 60. Où demeurez-vous ?

— Rue du Chevaleret.

— Derrière la gare d'Orléans !... Et vous venez jusqu'ici pour vendre deux grammes d'or ?

— On m'a dit que vous m'achèteriez plus cher que les bijoutiers.

— Avez-vous des papiers ?

— Non.

— Alors on va aller avec vous ; on vous payera à domicile.

— Croyez-vous donc que j'ai volé cet anneau ? c'est celui de mon mariage.

Pendant ce temps on pesait le lot de la femme élégante : chaînes, bagues d'où l'on retirait les pierres, montres d'où l'on retirait le mouvement, et on lui donnait un bon à toucher de 5,400 fr.

Les deux femmes parties, comme il ne se trouvait pas d'autres vendeurs dans le bureau, les commis revinrent promptement à la caisse où tout le monde était réuni discutant sur l'événement qui venait d'arriver.

— Il est certain qu'on va fermer la maison, disait l'un d'eux.

— Il est huit heures et demie, dit Pommeau en regardant à sa montre, si l'on fermait tout de suite, je pourrais prendre le train de neuf heures cinq minutes ; je serais à dix heures dans mon jardin.

— Ce pauvre M. Daliphare ! Qui nous aurait dit il y a quinze jours qu'il en viendrait là ?

— Et si vite.

— Ce n'était pas un homme solide, il était soufflé.

— C'est vraiment malheureux quand on a la fortune, de mourir avant d'en avoir joui.

— Certainement c'est très malheureux, continua Pommeau ; seulement, si on ne ferme pas tout de suite, je manquerai le train de neuf heures, je ne pourrai prendre que celui de dix heures. J'arriverai à onze heures ; le soleil sera trop chaud, ce sera une journée perdue.

Puis s'adressant au caissier :

— Croyez-vous qu'il ne serait pas à propos de faire demander à « Madame » si l'on ne doit pas fermer ?

— Madame n'est pas femme à perdre la tête.

— On peut oublier ; dans le trouble, le chagrin, l'émotion...

— Elle n'oublie rien. Si elle trouve bon de fermer les bureaux, elle nous le fera dire ; jusque-là, attendons et gardons nos places. Nous avons l'air d'écoliers échappés ; véritablement ce n'est pas convenable.

Alors on se mit à parler de convenances, de respect humain, d'usages. Et l'on fut unanime à dire que les convenances et le respect humain exigeaient la fermeture immédiate des bureaux.

Quand il y a un mort dans une maison, l'usage veut qu'on ferme les portes. « Fermé pour cause de décès », c'est obligé.

Pommeau n'était pas seul à avoir des raisons personnelles pour partir immédiatement. Chacun avait « sa salade à planter ». L'un venait de se souvenir qu'il n'avait pas vu depuis longtemps sa mère, qui demeurait aux environs de Beauvais : la mort de M. Daliphare lui offrait une occasion favorable pour entreprendre ce voyage. L'autre avait des copies de pièces à faire pour un avoué : elles étaient pressées et il devait passer dans ce travail ses deux nuits du samedi et du dimanche. S'il pouvait rentrer tout de suite chez lui, il pourrait s'acquitter tranquillement de sa besogne et dormir dans son lit. Flavien, le plus jeune des commis, qui n'avait que dix-sept ans, comptait et recomptait sa bourse : il y trouvait quatorze francs, et il interrogeait ses camarades pour savoir si avec sept francs il pourrait passer la journée du dimanche au Havre, parce qu'alors il prendrait le train de plaisir du soir. Sept francs de chemin de fer et sept francs de dépenses diverses pour se nourrir et s'amuser, cela employait son capital. Il n'avait jamais vu la mer, quelle fête ! et les phares, et les navires d'émigrants, et les barques de pêche, et la marée basse avec ses coquillages sur la grève, et le soleil, et les étoiles ! Flavien était poëte ; au moins il s'essayait à faire des vers qu'un imprimeur du quartier lui avait promis d'éditer à cent cinquante exemplaires en échange de l'obtention des fournitures d'imprimés pour la maison Daliphare.

Pour que tout cela pût se réaliser, il fallait que les bureaux fussent immédiatement fermés et que l'enterrement se fît le lundi.

N'aurait-il pas lieu le dimanche ?

Grave question qu'on discutait sans pouvoir se mettre d'accord, tant les raisons étaient solides de l'un et l'autre côté.

M. Daliphare étant mort le samedi matin, on pouvait très bien l'enterrer le dimanche dans l'après-midi. — Alors on n'avait pas de messe. — Sans doute, mais l'inconvénient de n'avoir pas de messe ne serait-il pas compensé, aux yeux de madame Daliphare, par l'avantage d'ouvrir les bureaux dès le lundi matin ? elle n'aimait pas à perdre du temps. — Non, mais d'un autre côté elle n'aimait pas non plus à blesser les convenances : elle voudrait un bel enterrement, une grande messe et tout ce qui s'ensuit. — Elle aimerait mieux gagner de l'argent dans ses bureaux que d'en dépenser à l'église. — L'enterrement se ferait le lundi, il se ferait le dimanche ; on fermerait tout de suite, on ne fermerait pas.

Les discussions allaient ainsi : Pommeau interrogeait sa montre de minute en minute, Flavien cherchait dans le

Boffin des restaurants à bon marché au Havre, lorsque
tout à coup on entendit des craquements et des bruits de
pas au haut d'un petit escalier tournant qui du second
étage descendait à la caisse. Construit en ces derniers
temps, ce petit escalier servait à faire communiquer les
appartements particuliers avec les bureaux du premier
étage et du rez-de-chaussée, et il permettait à madame
Daliphare de surveiller facilement tout ce qui se passait
dans la maison.

En entendant ce bruit bien connu, chacun regagna sa
place en toute hâte et prit son air affairé ; Lutzius lui-
même ouvrit rapidement son journal de caisse, et, une
plume à la main, se mit à suivre des colonnes de
chiffres.

Une petite femme sèche et nerveuse descendit l'escalier. C'était madame Daliphare : cinquante ans, la mine
et la vivacité d'une souris, la figure pâle, ne disant rien,
mais cachant beaucoup de choses ; à la ceinture, se détachant, sur une robe de grenadine noire, un trousseau de
clefs polies par l'usage.

En l'entendant marcher dans sa caisse, Lutzius se
retourna vivement ; l'expression de son visage était habilement composée, elle voulait montrer une profonde douleur et en même temps une respectueuse discrétion ; il
s'inclina, puis relevant la tête il s'apprêtait à parler,
lorsque madame Daliphare, lui imposant silence d'un
geste sec, s'avança vers la porte grillée qui de la caisse
communique avec les bureaux.

— Monsieur Pommeau, dit-elle.

Puis, sans attendre, elle revint sur ses pas, et prenant
une clef à son trousseau, elle ouvrit une porte qui se
trouvait à l'extrémité opposée, celle de son cabinet particulier.

Pommeau en entrant la trouva assise devant son
bureau, parcourant une liasse de papiers.

— Monsieur Pommeau, dit-elle d'une voix nette et sans
lever les yeux sur son employé, vous vous rendrez à trois
heures à la gare d'Orléans, et vous prendrez votre billet

pour Foix. Vous emporterez avec vous le livre sur lequel vous avez inscrit l'achat que vous avez fait à Salomon de 3 kilogrammes 840 grammes d'or. Il s'agit de donner des explications au jury dans une affaire où Salomon est inculpé comme receleur. Vous produirez votre livre et vous direz comment vous avez fait cet achat à Salomon, avec qui nous étions depuis longtemps en relation comme faisant métier d'acheter du galon.

— Mais, madame...

— C'est vous qui avez fait cette affaire, personne mieux que vous ne peut l'expliquer avec sincérité à la justice : il importe que de vos explications résulte pour tout le monde, même pour les ignorants, la parfaite honorabilité de ma maison. Il sera bon qu'en quelques mots vous indiquiez comment nous traitons avec les brocanteurs et les précautions dont nous nous entourons.

Elle regarda l'heure à la pendule qui était sur la cheminée :

— Il est neuf heures dix minutes ; vous avez tout le temps de prendre le train de dix heures, d'aller chez vous, de faire votre valise, et d'être revenu à la gare d'Orléans pour trois heures. Vous arriverez à Foix dimanche soir, c'est-à-dire à temps pour l'audience qui ouvre lundi. De Paris à Foix, le prix en deuxième classe est de 91 fr. 30 ; à Foix, vous logerez à l'*Hôtel des Balances*, vous y serez bien traité pour cinq francs par jour. L'affaire durera au plus trois jours, mettons-en quatre pour compter largement. Quatre jours d'hôtel à cinq francs font vingt francs ; en les ajoutant à 182 fr. 60 de voyage, nous trouvons 202 fr. 60. Voici un bon de pareille somme sur la caisse : faites-vous-la avancer, vous en rendrez compte à votre retour. En vous en allant, passez par la rue Saint-Antoine, chez M. de la Branche, notaire ; voyez-le en personne et dites-lui que je le prie de venir me parler aussitôt que possible ; vous ajouterez que M. Daliphare vient de mourir.

Pommeau avait bien des choses à répliquer, mais on ne répondait jamais rien à madame Daliphare. Après un

moment d'hésitation, il sortit la tête basse. Partir pour
Foix ! et ses salades ! hélas !

Alors elle appela Lutzius, et celui-ci s'avança vivement, courbé en deux, les mains tendues, dans l'attitude
d'un homme qui va prononcer quelques paroles bien
senties ; mais elle lui ferma la bouche.

— J'ai eu le malheur de perdre M. Daliphare, dit-elle.
Vous allez faire fermer la maison, et vous préviendrez ces
messieurs que l'enterrement est pour lundi ; on leur fera
connaître l'heure. La caisse seule restera ouverte. C'est
demain le 15 : vous payerez les effets qui vous seront présentés aujourd'hui et dont le montant s'élève à 31,450 fr.,
que voici.

— Madame, s'écria Lutzius, il faut que je vous témoigne
toute...

— C'est bien, interrompit-elle : je sais l'intérêt que vous
portez à ma maison. Je vous remercie.

Sans en écouter plus long, elle ferma la porte de son
cabinet et remonta le petit escalier ; mais, au lieu de
rentrer dans son appartement, elle se dirigea vers la cuisine. Une vieille servante, accoudée sur la table, le visage
caché dans son tablier de grosse toile grise, pleurait en
soupirant. En entendant sa maîtresse elle se releva vivement et s'essuya les yeux.

— Françoise, dit madame Daliphare, j'attends mon fils
d'un moment à l'autre. Il faut lui préparer des choses qui
le forcent à manger, ce qu'il aime. Vous lui ferez des
plats sucrés, des crèmes. Venez à l'office que je vous
donne du sucre.

Passant la première, elle entra dans l'office et ouvrit la
porte d'une grande armoire avec une clef qu'elle prit à
son trousseau. Ayant compté trente-cinq morceaux de
sucre, elle les mit dans une assiette ; puis prenant deux
bougies dans une petite caisse :

— Vous ferez la chambre de mon fils et à fond ; voilà
des bougies.

— Deux ? s'écria la servante.

— Deux. Maintenant c'est M. Adolphe qui est le maître de la maison.

V

Madame Daliphare n'était pas ce qu'on appelle « femme de ménage » ; elle ne savait pas plus prendre un plumeau pour épousseter un meuble ou un torchon de laine pour le frotter, qu'elle ne savait draper les rideaux d'une fenêtre, disposer les bibelots d'une étagère ou arranger avec goût les fleurs d'une jardinière. Où eût-elle appris cette science de la maîtresse de maison ?

Ce n'était pas à l'époque où jeune fille elle travaillait du matin au soir dans la boutique de la rue des Quatre-Fils ; ce n'était pas davantage pendant ses premières années de mariage : elle n'avait pas connu les joies de la jeune mariée, qui dispose sa maison au goût de celui qu'elle aime ; et, le lendemain de son jour de noces, elle était descendue à son bureau à huit heures du matin, comme à l'ordinaire, et elle y était restée jusqu'à sept heures du soir.

Femme de commerce elle avait été toute sa vie et rien que femme de commerce.

Si elle avait toujours soigneusement fermé ses armoires et donné par compte le sucre, la bougie et tout ce qui se consomme journellement, c'était bien plus en femme de commerce qu'elle avait agi qu'en femme de ménage. Elle tenait à savoir comment avaient été distribués les trente-cinq morceaux qui composaient la livre de sucre qu'elle recevait de l'épicier : c'était pour elle affaire de recette et de dépense, et, pour qu'elle fût tranquille, il fallait qu'il y eût balance entre les entrées et les sorties ; seulement ces trente-cinq morceaux de sucre avaient-ils passé dans les entremets qui lui avaient été servis ou bien dans le café de la cuisinière et de ses connaissances ? Elle n'était pas en état de s'en apercevoir.

Malgré cette incapacité dans les choses du ménage, elle voulut surveiller elle-même l'arrangement de l'appartement de son fils.

«En pénétrant pour la première fois dans cet appartement, composé d'un petit salon et d'une chambre qui avaient une entrée particulière sur l'escalier, on se demandait chez qui l'on était : un bourgeois ou artiste amateur ?

Le bourgeois, on le trouvait dans les meubles en palissandre, les glaces, les torchères en broze doré, les tapis d'Aubusson, les portières et les rideaux en velours, la bibliothèque vitrée ne renfermant que des livres reliés.

L'artiste, on le devinait dans un certain agencement original, dans quelques bronzes vraiment beaux, surtout dans les gravures et les tableaux qui décoraient les murs. Mais il y avait cela de particulier dans ces tableaux, que les noms des maîtres contemporains qui les avaient signés révélaient un étrange éclectisme dans le goût de leur propriétaire; ainsi un Leys avait pour pendant un Corot, un Diaz était entre un Gérôme et un Millet, un Flandrin faisait face à un Daubigny.

Au milieu de ces toiles signées de noms plus ou moins célèbres, s'en détachait une signée d'un nom inconnu, *Juliette Nélis*. Elle était cependant à la place d'honneur et en pleine lumière. C'était un petit tableau plus haut que large, représentant une jeune fille qui, par une matinée de printemps, se promenait dans l'allée d'un bois en tenant une lettre à la main; des traits aimables, des yeux doux et sensibles, un sourire ingénu, donnaient un charme pénétrant à cette figure, dont l'exécution était agréable et délicate. Ce n'était point de la grande peinture, mais c'était quelque chose de joli et de distingué.

Bien que celui qui occupait cet appartement fût absent depuis près d'une année, rien ne trahissait l'abandon dans ces deux pièces; il était visible au contraire qu'elles avaient été soigneusement entretenues : point de poussière sur le tapis, la basane du bureau brillante, de l'encre plein l'encrier. Cependant madame Daliphare voulut que, comme elle l'avait dit, le ménage fût fait à fond, et, pendant que la domestique balayait et frottait, elle plia elle-même les housses des meubles.

Elle était depuis longtemps déjà plongée dans ces occupations, lorsqu'on vint l'avertir que M. de la Branche était arrivé et qu'il l'attendait au salon.

Elle s'y rendit aussitôt. A son entrée, le notaire s'inclina, et ce fut la tête basse qu'il lui dit d'une voix émue qu'il venait se mettre à sa disposition.

C'était un homme jeune encore, qui se donnait beaucoup de peine pour prendre l'attitude sérieuse qu'exigeaient quelquefois ses fonctions. Parfait dans les contrats de mariage, il laissait à désirer dans les inventaires et les testaments; ce n'était point l'intelligence ou la capacité qui manquait, c'était la tenue. Son beau-père, auquel il avait succédé et qui, lui, était le notaire grave par excellence, avait essayé d'imprimer un caractère sévère à la physionomie de son gendre : il n'avait point réussi. Pendant un an il avait même retardé le mariage de sa fille et la transmission de sa charge; mais les résultats obtenus n'avaient été que médiocres : la majesté et la gravité n'allaient ni à ces yeux souriants, ni à cette mine chafouine, ni à ce teint fleuri.

Dans les circonstances présentes, il avait fait évidemment le possible pour se donner la tenue que l'événement exigeait; pendant le moment où il était resté seul dans le salon, il avait tâché de se faire une tête, suivant le mot des comédiens : il avait aplati ses favoris frisants, collé ses cheveux sur son front, relevé les coins de sa cravate empesée. Mais, à l'arrivée de madame Daliphare, ne se sentant pas sûr de lui, il n'avait point osé affronter le regard de la veuve.

De la main elle lui indiqua un siège, et elle s'assit vis-à-vis de lui.

Il voulut lui adresser un petit discours de condoléance; mais, à la première phrase, qui était longue, il est vrai, et menaçait de ne pas finir, elle l'interrompit.

— Je vous ai fait prier de venir, dit-elle, pour vous

consulter au sujet de la mort de mon pauvre mari. Il avait pleine confiance en vous, et, s'il a pris des dispositions dernières, il vous a assurément consulté.

— Ce sont ces dispositions dernières qui m'ont empêché de venir aussitôt que vous m'avez fait appeler, répliqua le notaire en levant la tête; car, lorsqu'il n'était plus question que d'affaires, il retrouvait tous ses moyens. Lorsque j'ai appris la mort de ce cher M. Daliphare, mort trop prévue, hélas! j'ai eu certaines formalités à remplir, et, pensant que vous voudriez savoir sans doute quelle était votre situation, je me suis empressé d'accomplir les formalités que la loi nous impose au sujet des testaments, afin de pouvoir me mettre pleinement à votre disposition.

— Ainsi M. Daliphare a fait un testament?

— Oui, madame.

— Je voudrais le connaître.

— Il est des plus simples : M. Daliphare institue son fils, M. Adolphe, légataire universel, à charge par celui-ci d'abandonner un capital de deux cent mille francs pour entretenir à Sainte-Périne ou dans tout autre établissement hospitalier un certain nombre d'employés de bureau incapables de travailler et par suite malheureux : cette fondation pieuse devra porter le nom du donateur.

— Et vous appelez cela une chose simple! s'écria madame Daliphare; c'est vous qui l'avez conseillée sans doute.

— Mon Dieu! non, madame, je n'ai point eu cet honneur; je ne suis pour rien dans le testament de M. Daliphare, qui a été fait avant que je fusse notaire.

— Alors c'est votre beau-père qui l'a inspiré.

— Je ne puis répondre là-dessus.

— Eh bien! mon cher monsieur, tant pis pour votre beau-père : ce testament est nul.

— Et pourquoi donc, madame, ce testament serait-il nul?

— Connaissez-vous mon contrat de mariage?

— Non, madame. Depuis que je suis dans mon étude,

je n'ai point eu besoin de ce contrat; je sais seulement que vous êtes mariée sous le régime de la communauté réduite aux acquêts.

— Les donations faites par contrat de mariage sont irrévocables, n'est-ce pas?

— Parfaitement, en ce sens que le donateur ne peut plus disposer à titre gratuit des objets compris dans la donation, si ce n'est pour sommes modiques, à titre de récompense ou autrement.

— Trouvez-vous que deux cent mille francs sont une somme modique?

— Non, sans doute.

— Alors le testament de M. Daliphare est nul, comme je vous le disais, attendu que par notre contrat M. Daliphare m'a fait donation de tout ce dont il pouvait disposer. La première donation prime la seconde. Vous devez comprendre que cette donation a été la condition essentielle de notre mariage; épousant un homme qui n'avait rien, j'ai dû prendre mes précautions, et j'ai annulé d'avance la communauté d'acquêts par la donation.

— Permettez-moi, madame, de relever une certaine confusion qui paraît se faire dans votre esprit.

— Il n'y a point confusion.

— Il n'y en aurait point si M. Daliphare était décédé sans laisser d'enfant; mais, laissant un fils, la donation qu'il vous a faite se trouve réduite par l'article 1094.

— Hé, monsieur, c'est précisément là-dessus que je m'appuie pour soutenir que le testament de M. Daliphare ne peut recevoir son effet, attendu que les avantages matrimoniaux stipulés dans mon contrat ont épuisé la portion disponible.

— Ceci est la question strictement légale; mais, à côté de cette question, il y en a une plus haute, sur laquelle je voudrais appeler votre attention. Nous autres notaires, nous ne sommes pas seulement des hommes d'affaires, nous n'avons pas souci seulement de l'intérêt matériel de nos clients : nous plaçons au-dessus l'intérêt moral. Sans doute vous pouvez soutenir que M. Daliphare, ayant épuisé la quotité disponible par la donation faite dans votre contrat de mariage, ne peut plus rien donner par testament. Votre fortune évaluée, et il faudra qu'elle le soit, cette opinion a pour elle, je le reconnais, l'article 1094, qui est formel. Mais au-dessus du droit il y a l'équité et la morale. Vous est-il permis, à vous madame Daliphare, dont la fortune connue vous place à la tête du commerce parisien, vous est-il permis de contester en justice une libéralité aussi belle que celle dont il s'agit? Ne trouvez-vous pas honorable que le nom de votre mari soit inscrit au grand-livre de l'humanité par la main de votre fils?

— Monsieur de la Branche!

Le notaire était lancé, il parlait avec conviction et chaleur; cependant cette interruption fut prononcée d'un ton si sec qu'il s'arrêta :

— Madame? dit-il.

— Je vous croyais un homme intelligent : vous n'êtes qu'un sot.

Le notaire était déjà interloqué, ce mot le suffoqua, il se leva vivement.

— Comment! s'écria madame Daliphare en se levant aussi, il s'agit d'un testament nul, et vous êtes là à me parler, en faisant les beaux bras, de justice, d'équité et d'humanité! vous trouvez qu'il est juste de me prendre deux cent mille francs dans ma poche pour les donner à des gens que je ne connais pas! A qui ces deux cent mille francs? Qui les a gagnés en travaillant du matin au soir? Celui qui les donne ou moi? S'ils m'appartiennent, vous trouverez bon que je les défende.

— Vous défendez votre argent; moi, j'ai voulu protéger votre nom : c'était mon devoir, je ne regrette pas de l'avoir accompli. Je vous ai dit ce que je croyais juste. Maintenant, si vous ne pensez pas comme moi sur ce point, consultez votre avoué. Seulement, madame, n'oubliez pas que, si vous voulez contester le testament de votre mari, vous devrez plaider contre votre fils : deux choses fâcheuses.

— Savez-vous si mon fils voudra profiter de ce testament?

— Il se croira sans doute obligé à se conformer aux volontés de son père pour le legs de deux cent mille francs.

Madame Daliphare eut un mouvement d'impatience; puis, marchant vers la porte, elle manifesta l'intention de ne pas continuer l'entretien.

— Monsieur de la Branche, dit-elle au notaire, je ne vous en veux pas et même je vous remercie.

— Vraiment, madame, vous êtes bien bonne, répliqua le notaire avec un sourire pincé.

VI

Le notaire parti, madame Daliphare se mit à marcher dans le salon, allant et venant, tournant sur elle-même, sans avoir conscience de ce qu'elle faisait.

Ainsi ce testament dont elle soupçonnait vaguement l'existence, mais sans y croire précisément, était un fait réel.

Bien souvent, il est vrai, M. Daliphare avait dit qu'il laisserait sa fortune aux employés de bureau malheureux; mais elle n'avait jamais attaché grande importance à ces paroles, prononcées non dans l'intimité sérieuse, mais entre amis, le soir, après un bon dîner, à l'heure où, digérant des truffes, on veut que tout le monde soit heureux et que ceux qui n'ont pas de pain mangent de la brioche. Pour elle ce n'étaient là que les forfanteries d'un homme qui, n'ayant pas de volonté, se rattrapait en projets.

Elle s'était trompée, sottement trompée : ce n'étaient point des forfanteries, c'étaient des menaces. Quand il parlait ainsi, il savait ce qu'il disait, ce qu'il voulait; et ce qu'il disait, il l'avait réalisé. Quelle fourberie!

Comment aurait-elle cru que cet homme débonnaire

machinait en silence un plan si habile, lui qu'elle avait
élevé jusqu'à elle, qu'elle avait enrichi?

Elle sortit du salon et entra dans la chambre mortuaire.
Il était étendu sur son lit ; son visage avait été lavé, ses
cheveux avaient été peignés, ses yeux avaient été clos.
Sur cette face naguère vaine et vide, la mort avait im-
primé un regard de beauté sévère.

A l'entrée de madame Daliphare, la religieuse qui était
en prières au pied du lit, s'était levée. Mais madame Daliphare ne tourna pas les yeux de son côté, et pendant
assez longtemps elle resta debout, immobile, absorbée
dans une sombre méditation, regardant cet homme dont
elle avait porté, dont elle porterait toujours le nom, son
mari.

La voyant ainsi, la sœur s'approcha d'elle doucement,
à pas glissés ; puis, d'une voix compatissante :

— Ne vous laissez pas aller à la douleur, madame ;
pensez à Dieu et à notre sainte religion, si pleine de consolations pour les affligés.

Madame Daliphare la regarda comme si elle n'avait pas
compris ; puis, sans répondre, elle sortit de la chambre,
laissant la sœur interdite, effrayée.

Que lui parlait-on de consolations ! La seule consolation qu'elle pût trouver, c'était l'annulation de ce testament, et ce n'est pas la religion qui annule les testaments,
c'est la justice. Il faudrait plaider.

Alors le souvenir des paroles du notaire lui revenait et
l'exaspérait. Il faudrait qu'elle se mît en opposition avec
son fils ; il faudrait que les gens de loi, les tribunaux, le
public connussent sa fortune et ses affaires. On viendrait
mettre le nez dans ses livres, on estimerait son avoir en
immeubles, en créances, en valeurs financières, rentes,
actions, obligations au porteur ou nominatives, on ferait
un total de tout cela, et tout le monde connaîtrait ce
total, alors qu'elle avait passé sa vie à vouloir le cacher
et l'embrouiller.

Les idées qui s'agitaient dans son esprit étaient com-
plexes autant que confuses ; un moment elle regretta

presque d'avoir si lestement congédié M. de la Branche. Elle eût voulu en ces circonstances avoir près d'elle un homme habile dans la science du droit, qui pût répondre aux questions qu'elle se posait sans les résoudre ; un dictionnaire vivant qu'elle pût feuilleter. Mais ce notaire mêlait la morale à la loi, c'était un sot qu'on ne pouvait pas consulter sûrement ; il aurait fallu discuter avec lui et elle avait vraiment bien la tête à discuter ! A chaque objection, elle aurait répondu sous l'empire de l'obsession qui la tourmentait, et elle se serait livrée.

Décidément elle avait bien fait de se débarrasser de ce témoin dangereux ; c'était seule qu'elle devait examiner sa situation et prendre son parti.

On peut très bien connaître les affaires commerciales et ne rien entendre à la loi : c'était là le cas de madame Daliphare. Elle descendit dans son bureau particulier pour consulter le code. M. de la Branche avait parlé de l'article 1094 ; elle voulait voir ce que disait cet article.

Mais le code ne se lit pas sans préparation et il ne livre pas ses secrets à ceux qui croient qu'on a qu'à le feuilleter pour le comprendre. L'article 1094 la renvoya aux articles 913 et 914, et ceux-ci la renvoyèrent à une vingtaine d'autres articles : le chaos. Elle les lut, les relut, les compara les uns aux autres, et la confusion qui se faisait dans son esprit troublé s'en augmenta chaque fois davantage.

Alors elle pensa à consulter son contrat de mariage. Il était enfermé dans une caisse dont elle seule avait la clef, la caisse qui renfermait ses papiers personnels, ses titres de propriété, ses actions et ses valeurs. Elle n'eut pas longtemps à chercher, car ces papiers étaient classés avec ordre ; au moment d'ouvrir ce contrat elle s'arrêta.

Ce que n'avait pu faire la vue de ce malheureux étendu sur son lit, cette liasse de parchemins, reliés par des faveurs de soie blanche jaunies, le fit ; elle fut émue, et le souvenir de sa jeunesse lui revint vivace et puissant, comme si elle eût touché un sachet dans lequel il eût été enfermé.

Brusquement elle remonta dans le passé et se retrouva au jour où elle avait signé ce contrat. C'était un soir de mai : elle avait travaillé jusqu'à six heures, puis tous deux ils étaient partis pour aller chez le notaire. En chemin, elle lui avait expliqué les conditions de ce contrat, qu'elle avait fait rédiger d'après ses instructions ; mais il ne l'écoutait pas, et à tous les grands mots de société, d'acquêts, de donations, il répondait par un seul mot, toujours le même, doux alors à entendre : « Je vous aime. » Il avait écouté la lecture de l'acte sans entendre, la regardant ; il avait signé sans comprendre, le cœur troublé. Puis, au lieu de rentrer en sortant de chez le notaire, ils avaient pris une voiture et ils avaient été se promener dans le bois de Vincennes ; ils étaient descendus aux Minimes, et à pied, la main dans la main, ils avaient marché droit devant eux dans une longue allée qui ne finissait pas. Le chèvrefeuille en fleur embaumait l'air, le rossignol chantait. La belle soirée, l'heureuse nuit ! Son cœur en avait gardé le souvenir, et même elle se rappelait les paroles qu'il lui disait : il l'aimait, ils seraient heureux.

Heureux, ils n'avaient guère eu le temps de l'être, occupés qu'ils avaient été, entraînés par le souci de s'enrichir. Mais cependant, avec cette soirée passée dans le bois, elle se rappelait aussi le jour où Adolphe était né : il avait pris l'enfant et l'avait embrassé en pleurant de joie.

Que de choses, que de souvenirs dans ces feuilles de parchemin ! Mais l'émotion qui l'avait saisie au cœur ne la retint pas longtemps absorbée. Ce n'était pas du passé qu'il s'agissait en ce moment, c'était d'aujourd'hui, c'était de demain ; ce n'était pas d'amitié ou de tendresse, c'était d'argent.

L'argent cependant, elle l'eût sacrifié s'il avait été seul en question ; et, quoi qu'il lui en coûtât, elle eût abandonné ces deux cent mille francs plutôt que de contester ce testament. Mais dans ce testament il y avait autre chose que ce legs de deux cent mille francs, et c'était cette autre chose qui par-dessus tout l'exaspérait.

Madame Daliphare n'était point de ces femmes sensibles qui perdent la tête à l'approche d'un malheur. Lorsque le médecin lui avait annoncé qu'il n'y avait plus d'espoir de sauver son mari, elle ne s'était point abandonnée à une de ces douleurs qui enlèvent la faculté de raisonner. Tout en veillant son malade, et il faut dire qu'elle y avait mis un grand zèle, elle avait examiné la situation financière que cette mort lui faisait, et elle avait trouvé que son fils allait hériter, du chef de son père, du quart à peu près de leur fortune. Sans doute il lui paraissait injuste que son mari, qui n'avait jamais accru cette fortune, en possédât une partie quelconque, mais enfin c'était là une nécessité légale. En vertu de la loi, son fils héritait de son père. C'était bien. C'était la loi qui lui donnait cette part de fortune, ce n'était pas son père : il ne devait pas de reconnaissance à celui-ci.

Mais le testament changeait tout cela. Ce n'était plus la loi qui investissait le fils d'un droit, c'était le père lui-même qui donnait à son fils ; et cela elle ne pouvait pas le souffrir.

Ce qui la révoltait, ce n'était pas qu'une partie de sa fortune passât aux mains de son fils, c'était qu'elle y passât comme don fait par un autre que par elle.

Après avoir pendant vingt ans effacé ce père de famille si complètement qu'il n'avait jamais eu le droit de donner un louis à son fils au jour de l'an, elle ne pouvait admettre l'idée qu'il eût profité de sa mort pour sortir de la position intime dans laquelle elle l'avait maintenu.

Lui, faire un testament, manifester une volonté, disposer de quelque chose ! Mais alors son fils ne tiendrait donc plus tout d'elle ?

Il fallait que ce testament fût annulé, et si le legs en faveur des employés de bureau devait être exécuté, ce qu'elle ignorait, ce serait elle qui donnerait les deux cent mille francs. C'était un gros chiffre, mais qui diminuerait singulièrement d'importance si c'était à elle et non à un autre qu'on faisait remonter la reconnaissance pour cette libéralité.

A ce moment on vint la prévenir que « M. Ferdinand » demandait à la voir.

Ce « M. Ferdinand » était le frère de son mari, mais un frère malheureux qui, n'ayant pas eu comme son aîné la chance d'épouser une femme riche, était toujours resté dans une situation précaire. Aujourd'hui expéditionnaire chez un notaire, demain courtier d'assurances, pour le moment il s'occupait d'affaires de bourse ; mais jusqu'à présent ses spéculations ne lui avaient pas permis de remplacer encore sur son dos les vieux habits que son frère aîné lui donnait quand madame Daliphare les trouvait suffisamment usés.

Quand madame Daliphare entra dans le salon, M. Ferdinand sortait de la chambre mortuaire, des larmes roulaient sur ses joues pâles. Il vint au-devant de sa belle-sœur, et lui tendant la main :

— Pauvre Benoît, dit-il, la voix tremblante ; j'aurais voulu le voir une dernière fois et l'embrasser. Nous avons passé notre enfance ensemble, ma sœur, et je vous assure qu'il était bien bon pour tous, pour notre mère, pour moi ; j'aurais voulu le voir.

— Il ne vous a point demandé, répliqua sèchement madame Daliphare, et même je regrette de vous dire qu'il vous a oublié dans son testament, car il a fait un testament par lequel il lègue deux cent mille francs aux employés de bureau malheureux.

— Bon Benoît, je le reconnais là.

— Avant de penser aux étrangers, il aurait pu penser à sa famille.

— Il n'aurait pas osé.

— Comment, pas osé, pourquoi ? Croyez-vous que j'aurais trouvé mal qu'il laissât quelque chose à sa famille ? tandis que je n'accepterai pas ce testament, fait contrairement à mes droits.

— Adolphe hérite de son père.

— Voulez-vous dire qu'Adolphe fera ce que je n'aurais pas fait ?

— Je ne veux rien dire, ma sœur, en ce moment surtout. J'étais venu vous voir pour... vous voir, et aussi pour me mettre à votre disposition, si je puis vous être utile à quelque chose. C'est si triste la mort, et cela entraîne à tant d'embarras douloureux ; si je peux vous en épargner quelques-uns, usez de moi. Est-ce qu'Adolphe n'est pas prévenu ?

— Je l'attends d'un moment à l'autre.

— Eh bien ! épargnez-lui les formalités que je peux remplir aussi bien que lui. Il aimait son père, le pauvre garçon ; quand il arrivera, qu'il puisse le pleurer avec vous sans être dérangé.

Madame Daliphare réfléchit un moment, puis relevant la tête :

— Je vous remercie, dit-elle, et j'accepte votre aide. Allez donc à la mairie, je vous prie, à l'église, aux pompes funèbres. N'épargnez rien ; ordonnez tout largement, généreusement. Je veux que le nom que porte mon fils soit honoré.

VII

Madame Daliphare ne s'était décidée à faire revenir son fils à Paris qu'au moment où le médecin lui avait déclaré qu'il n'y avait plus d'espoir de sauver le malade.

Alors elle avait fait expédier une dépêche à Amsterdam pour dire à son fils d'accourir en toute hâte. Remise au télégraphe le vendredi matin, la dépêche avait dû parvenir à Amsterdam et être distribuée avant midi ; Adolphe devait donc être à Paris le samedi dans la matinée. Elle avait consulté les indicateurs et elle était surprise qu'il ne fût pas encore arrivé, et plus encore qu'il ne lui eût pas répondu. Suivant la façon dont elle calculait, il aurait dû partir de Bruxelles dans la nuit, et par conséquent arriver le matin à Paris. Elle ne s'expliquait pas ce retard et s'irritait de ce silence.

Enfin Lutzius lui monta une dépêche qu'on venait d'apporter. Elle venait de Rotterdam, où elle avait été déposée le samedi matin. Curieux comme à l'ordinaire, le caissier avait grande envie de savoir ce que disait cette dépêche; après l'avoir tendue à madame Daliphare, il resta debout près d'elle, dans l'attitude d'un employé qui attend un ordre; mais de la main elle lui fit signe de la laisser seule, et ce ne fut que quand il fut sorti qu'elle se mit à lire :

« J'étais absent quand ta dépêche m'est arrivée. A
» mon retour, je n'ai eu que le temps de courir au che-
» min de fer pour prendre le train. Obligé de coucher à
» Rotterdam, c'est de là que je t'écris cette dépêche avant
» de partir pour Bruxelles où je compte prendre le train
» qui arrive à Paris à cinq heures cinquante minutes.
» Envoyer une dépêche à mon nom au buffet, à Douai,
» pour me fixer sur l'état de mon père. Dis-lui que je
» l'embrasse et que j'arrive. A temps, n'est-ce pas ? »

Madame Daliphare regarda l'heure à sa montre et consulta l'indicateur ; à la rigueur, il était peut-être encore temps d'envoyer à Douai la dépêche demandée ; mais il y avait des chances cependant pour qu'elle n'arrivât qu'après le passage du train. Dans ces conditions, elle décida de ne pas répondre : à quoi bon envoyer une dépêche qui pouvait être perdue ? Et puis d'ailleurs que dire dans cette réponse ? La triste vérité ? Il ne la connaîtrait toujours que trop tôt.

Cette résolution prise, elle se mit à relire la dépêche qu'elle venait de recevoir. Elle était étrangement rédigée, cette dépêche. Comme tous les commerçants, Adolphe avait l'habitude du style télégraphique, et il savait dire beaucoup de chose en vingt mots. Pourquoi ces douze ou treize lignes ? pourquoi ces *je*, ces *ta*, ces *ce*, ces *au*, ces *de*, ces *que* ? Il était donc bien profondément ému quand il l'avait écrite, bien troublé?

Qu'eût-il éprouvé, s'il avait été question d'elle? Sans doute, c'était son père ; mais enfin ce père n'avait été rien dans sa vie. Ce n'était pas lui qui l'avait élevé; ce n'était pas lui qui, au temps de son enfance, avait rempli sa bourse ; ce n'était pas lui qui plus tard avait payé sans gronder ses premières dettes, et qui lui avait donné les chevaux et les tableaux dont il avait envie. C'était elle, elle seule.

Cette pensée la ramena au sujet qui l'obsédait : il ne fallait pas que ce testament reçût son effet. N'importe comment, à quelque prix que ce fût, elle devait l'en empêcher. Ce n'était plus d'argent maintenant qu'elle avait souci. Dans le premier moment de la surprise, elle avait pu être suffoquée par ce legs de deux cent mille francs ; mais, à cette heure, ces deux cent mille francs n'étaient plus rien pour elle. Plus d'une fois elle avait perdu dans les affaires deux cent mille francs sans se désespérer ; elle supposerait une faillite, et voilà tout. Que pécuniairement le testament lui fût ou ne lui fût pas favorable, qu'elle eût ou n'eût pas un intérêt matériel à le consentir, peu importait maintenant : elle avait un immense intérêt moral, un intérêt de cœur et de jalousie à ce qu'il fût annulé, et il le serait. Comment ? elle n'en savait rien ; mais, avant l'arrivée de son fils, elle trouverait bien un moyen, dût-il lui coûter plus cher que le legs lui-même.

Et, avec plus d'ardeur que jamais, elle se rejeta dans sa méditation, presque satisfaite d'un retard qui lui permettait d'examiner à fond les difficultés que ce testament lui créait et de leur trouver une solution.

Vers quatre heures, son beau-frère Ferdinand revint pour lui rendre compte des démarches qu'il avait faites. Il la trouva dans son cabinet, ayant un code sur les genoux, et devant elle, sur son bureau, plusieurs feuilles de papier couvertes de chiffres. Elle approuva tout ce qu'il avait arrangé ; seulement, au lieu de douze voitures, elle en voulut vingt-quatre.

— C'est pour mon fils, dit-elle. Pour lui il faut frapper la mémoire de ceux qui le connaissent et même de la foule. Qui sait ce qu'il deviendra ? Avec sa fortune et son intelligence, il peut aspirer à tout. C'est un homme, lui ; on peut en faire un personnage.

— Si vous avez ces ambitions, croyez-vous qu'il soit

politique de contester le testament de mon pauvre frère ?
Qui frappe mieux les mémoires que la générosité ?

— Je vous remercie de votre observation, dit-elle sè-
cnement ; là-dessus mon parti est pris. Ne traitons pas ce
sujet. D'ailleurs j'ai un service à vous demander, qui ne
nous en laisserait pas le temps. Adolphe va arriver par le
train de Bruxelles à cinq heures cinquante. Voulez-vous
aller l'attendre ? S'il n'est pas prévenu à l'avance, la vue
de la maison fermée pourrait lui donner un coup que je
veux lui épargner. Vous prendrez une voiture, que vous
garderez afin de me l'amener rapidement.

Au mot voiture, madame Daliphare remarqua un mouvement chez son beau-frère. Elle le regarda alors plus
attentivement : ses chaussures étaient blanches de poussière et ses cheveux étaient mouillés de sueur. Evidem-
ment il avait fait toutes ses courses à pied. Elle comprit.

— Vous avez dû dépenser de l'argent pour moi ? dit-
elle en lui tendant un billet de cinquante francs.

— Bien peu de chose.

— Veuillez prendre ce billet, nous compterons plus
tard.

Pendant qu'il serrait le billet dans la poche de son gilet, elle l'examina des pieds à la tête. Il portait ce jour-là,
comme tous les jours de l'année d'ailleurs, un habit trop
grand pour sa maigreur, un gilet auquel manquaient
deux boutons, et un pantalon déchiqueté par le bas : tout
cela en drap noir, râpé par l'usage, lustré par la graisse.

— Est-ce que ce n'était pas votre frère qui s'occupait
de votre toilette ? dit-elle. Il me semble qu'en ces derniers
temps il vous a oublié. Pour mon fils, il serait convenable que cet oubli fût réparé à la cérémonie. En son
nom, je vous prie d'accepter ceci.

Tout en parlant, elle avait enveloppé deux billets de
banque dans un morceau de papier et elle les avait pous-
sés sur le coin de son bureau.

— Il est vrai que les affaires n'ont pas été brillantes en
ces derniers temps, dit-il ; mais je suis dans une bonne
série, ça va marcher. Je pourrai vous rendre tout cela.

— A Adolphe si vous voulez ; moi, je ne suis pour rien là-dedans.

Il était près de sept heures lorsqu'une voiture s'arrêta à la grande porte de la maison ; madame Daliphare, qui depuis longtemps déjà se tenait devant une fenêtre ouverte, descendit rapidement en entendant le bruit de la voiture, et, au bas de l'escalier, elle reçut son fils dans ses bras.

— Ton oncle Ferdinand t'a dit... ?

— Tout.

Ils montèrent ; mais au moment où il voulait entrer dans l'appartement où il savait trouver son père, elle ouvrit devant lui la porte de son logement particulier. Pendant assez longtemps ils restèrent assis en face l'un de l'autre sans parler. Elle le regardait, cherchant les changements qui s'étaient faits en lui pendant cette année d'absence : ses épaules s'étaient élargies, son teint avait bruni ; ses yeux, naturellement doux, avaient pris une décision qu'ils n'avaient pas autrefois ; en tout, dans ses manières plus fermes, dans son regard plus assuré, dans le port de sa tête, l'homme s'était affermi.

— Je voudrais le voir, dit-il d'une voix qui marquait la volonté.

Ils passèrent dans la chambre mortuaire, et tandis que madame Daliphare restait à la porte, il alla s'agenouiller auprès du lit sur lequel son père était étendu. Au bout de cinq minutes, voyant qu'il demeurait là, elle alla près de lui et le prenant par le bras, elle le força doucement à se relever ; puis, toujours le tenant, elle le ramena dans le salon.

Il se laissa tomber sur un siège et se cacha la tête entre ses mains.

— Oui, pleure-le, dit-elle, c'était ton père. J'ai passé par là. Moi aussi j'ai perdu le mien, et je l'ai pleuré. Mais moi, je restais seule ; je n'avais pas une mère pour me consoler, pour m'aimer, et tu en as une, mon enfant.

Elle vint s'appuyer sur son épaule, et, lui rabaissant les mains, elle le regarda longuement.

— Jusqu'à présent je n'ai pas été une mauvaise mère pour toi, n'est-ce pas ? mais mon action n'a pu s'étendre que sur les petites choses ; maintenant elle s'étendra sur les grandes. On me reconnaît une certaine intelligence dans les affaires, cette intelligence je veux la mettre à ton service. Tu ne sais pas jusqu'où peut arriver un homme qui a près de lui une femme pour l'aider dans mille circonstances où les hommes ne savent pas trouver leur chemin. Je veux parler d'une femme fidèle et dévouée, comme seule une mère peut l'être.

S'il est irritant dans l'affliction de se voir assailli par des gens qui veulent vous consoler et ne trouvent rien de mieux que de répéter les banalités qui courent le monde, « l'influence du temps, la résignation à ce qu'on ne peut empêcher, les épreuves salutaires », il est doux par contre d'entendre une voix qui vous dit : « Tu ne restes pas seul, tout ne disparaît pas avec celui que tu regrettes, nous le pleurerons ensemble, je suis près de toi. » Notre cœur s'ouvre à cette voix, comme dans une chute notre bras s'étend pour se cramponner à ce qui nous entoure ; cela se fait instinctivement, machinalement.

Ce fut ce qui se produisit pour Adolphe. Pour la première fois, en rentrant à la maison après une absence, sa première pensée n'avait pas été pour sa mère, et le premier nom qui était venu sur ses lèvres avait été celui de son père, car le triste récit de son oncle emplissait encore ses oreilles.

Après tout il avait été le meilleur ami de sa jeunesse, le complaisant de ses jeux et de ses caprices, toujours disposé à subir ses tyrannies d'enfant, toujours prêt à excuser ses fautes. D'autorité, de volonté, il n'en avait jamais eu ; mais quelle inépuisable bonté, quelle tendresse contenue, qui, plus d'une fois, dans leurs promenades à deux, s'étaient manifestées, en élans de caresses ! Il ne le verrait plus. Il l'avait quitté plein de force, et c'était fini, sans une parole d'adieu, sans un serrement de main, sans le dernier regard.

Penchée sur l'épaule de son fils, madame Daliphare

suivait en lui cette transformation. Jusqu'à ce moment il
y avait eu comme un voile sur les yeux de son fils ; elle
vit ce voile se soulever peu à peu, et elle sentit qu'elle
reprenait dans ce cœur sa place accoutumée, — la première. Elle continua :

— Ce que je te dis là en t'embrassant n'est point parole en l'air. Depuis que nous sommes séparés, j'ai beaucoup pensé à toi, à ton avenir, et depuis ce matin plus
fortement encore. J'ai à te parler sérieusement.

— Demain, dans quelques jours, dit-il en voulant faire
une dernière défense.

— Et pourquoi pas tout de suite ? C'est de notre vie à
tous deux qu'il s'agit, et les circonstances font que nous
devons trancher une situation qui pouvait traîner encore
longtemps indécise. Ce n'est pas être infidèle à la pensée
de ton père, car nous parlerons de lui.

— Alors comme tu voudras.

— Eh bien ! allons dans mon cabinet, car il me faut des
pièces à l'appui de ce que j'ai à te dire.

VIII

En traversant les bureaux, Adolphe fut pris d'un frisson
nerveux, le bruit des pas qui retentissaient dans le vide ;
l'ombre qui emplissait les cages grillées, la lumière exté-
rieure qui ne pénétrait çà et là qu'en jets capricieux et
tremblotants : tout se réunissait pour produire une émotion troublante dans une âme émue.

Entrée dans son cabinet, madame Daliphare alluma
deux becs de gaz ; le sifflement de la flamme fit taire la
voix du silence, en même temps que sa clarté fit évanouir
les visions mystérieuses de l'ombre.

— Nous avons besoin de voir clair, dit madame Daliphare, car les pièces que j'ai à te communiquer sont nom-
breuses.

Disant cela, elle ouvrit sa caisse particulière, celle dans

laquelle le matin elle avait pris son contrat de mariage,
et elle entassa sur son bureau plusieurs cartons remplis
de papiers.

— C'est une sorte d'inventaire que je veux que nous
fassions, dit-elle, un inventaire de notre avoir ; seulement, au lieu d'appeler les notaires et les gens de loi, qui
embrouillent tout, cela se fera entre nous deux.

— A quoi bon ces pièces alors? Si les choses doivent
rester entre nous, les preuves à l'appui de ce que tu dis
sont bien inutiles.

— Ces papiers sont utiles pour me guider d'abord et
ensuite pour te mettre à même de me contrôler. Il s'agit
d'affaires entre nous, et les affaires ne se font pas avec
des sentiments ; on compte deux fois l'argent, même
celui qu'une mère vous donne. En m'écoutant, pense, si
tu veux, que je suis ta mère ; mais, en me répondant,
traite-moi comme si j'étais ton adversaire et que mes intérêts fussent opposés aux tiens. Montre que tu es bien
mon fils, même contre moi : c'est le plus grand plaisir
que tu puisses me faire.

Il n'avait guère la tête aux affaires ; mais il ne voulut
pas peiner sa mère, sachant toute l'importance qu'elle
attachait à ces discussions d'intérêts, et il fit effort pour
l'écouter attentivement.

— Tu sais comment j'ai commencé la vie, dit-elle ; avec
rien , fille d'un brocanteur. Il y a des gens qui, parvenus
à la richesse, tachent d'oublier leur origine : moi, je me
rappelle sans cesse la mienne. Cela donne de la force
quand on se trouve en présence d'une difficulté ; en voyant
d'où l'on est parti et le chemin qu'on a parcouru, on
prend confiance en soi. Quand je me mariai, j'avais cette
maison presque aussi importante qu'elle l'est maintenant,
et diverses valeurs ou créances, estimées six cent mille
francs. Ton père n'avait rien. Nous avons adopté le régime de la communauté, réduite aux acquêts. Je suis donc
restée propriétaire de ma maison de commerce et de mes
valeurs. De plus, ton père m'a fait donation par contrat de
mariage, c'est-à-dire d'une façon irrévocable, de tout ce

dont il pourrait disposer au jour de son décès : tout, s'il n'avait pas d'enfants ; un quart en propriété et un quart en usufruit, s'il en avait. Voici mon contrat, lis-le.

Il voulut repousser le parchemin qu'elle lui tendait, mais elle insista.

— Il faut que tu lises, dit-elle. Pendant ce temps, je rangerai dans l'ordre où je dois te les présenter ces autres pièces.

Elle vida les cartons et classa rapidement les papiers qu'ils contenaient.

— Depuis notre mariage, dit-elle, mes affaires ont heureusement prospéré ; ma fortune commencée s'est régulièrement accrue. C'est ainsi qu'elle se compose aujourd'hui de notre maison de campagne de Nogent, de nos maisons de la rue de Rivoli, de notre ferme de Louvres, de valeurs de portefeuille montant à huit cent mille francs, et de valeurs de bourse en rente française, en consolidés, en obligations de chemins de fer et en actions diverses. Tout cela est compris dans ces liasses, et, si tu veux en faire un relevé, tu trouveras un total de quatre millions trois cent mille francs. Bien entendu, je laisse en dehors les créances de la maison : les unes sont bonnes, les autres sont douteuses ou mauvaises, et tu en retrouveras le détail dans la comptabilité. Ne parlons donc que de ces quatre millions ; tu sais comment et par qui ils ont été gagnés. Ton père...

Adolphe fit un geste que sa mère arrêta.

— Ne crois pas que je veuille l'accuser, ce n'est pas l'heure. Je veux dire que tu as été assez longtemps dans la maison et que tu as vu d'assez près comment les choses s'y passaient pour savoir qu'il n'a pas plus contribué à ces bénéfices que Lutzius ou tout autre employé. Ce n'est pas faire injure à sa mémoire que de dire qu'il n'était pas commerçant. Cependant, en vertu de notre contrat de mariage, il s'est trouvé propriétaire de la moitié de ces quatre millions, dont il n'avait pas gagné un sou, soit deux millions. Seulement, de ces deux millions, il faut soustraire le montant de la donation, c'est-à-dire un quart en propriété et un quart en usufruit, soit un million. J'arrondis les chiffres, les fractions ayant peu d'importance dans ce raisonnement ; c'est donc une somme de un million que ton père possédait et dont, en vertu de la loi, tu dois hériter. C'est bien cela, n'est-ce pas ?

— Il me semble.

— Ce n'est pas assez, tu dois savoir. Récapitule : société d'acquêts, en chiffres ronds, quatre millions. Pour moi, deux millions ; pour ton père, deux millions. Sur ces deux millions, il me revient un million : pour toi, reste donc un million.

— Cela me paraît être ainsi.

— Il en serait ainsi effectivement, si ton père s'était tenu enfermé dans la légalité. Ton père mourant, tu trouvais dans sa succession un million qui t'appartenait de par la loi : ton bien et ton droit en un mot. Moi mourant, tu trouvais dans la mienne deux millions et en plus ce que je possède en propre. Mais ton père ne s'en est pas tenu à la légalité ; il a voulu remplacer la loi par sa volonté, et il a fait un testament qu'il n'avait pas le droit de faire.

C'était avec répugnance qu'Adolphe s'était prêté à cet entretien ; cette discussion d'affaires le blessait. Malgré son respect pour sa mère et l'habitude qu'il avait d'accepter tout d'elle sans défense, il se disait que le moment était vraiment mal choisi pour traiter un pareil sujet. En voyant où l'on en était arrivé, il voulut arrêter sa mère ; mais celle-ci ne se laissa point imposer silence.

— Il faut aller jusqu'au bout, dit-elle, car nous avons des mesures à prendre desquelles dépend ton honneur, surtout celui de ton père. C'est là ce qui me force à parler aujourd'hui et ce qui t'oblige, toi, à m'entendre. Donc ton père a fait un testament. Oubliant qu'il avait, par la donation du contrat de mariage, épuisé la quotité disponible, il te laisse tout ce qu'il possède, à charge par toi de prélever là-dessus deux cent mille francs pour les employés de bureau malheureux.

— Pauvre père !

— Sans doute l'inspiration est généreuse ; mais il ne suffit pas d'avoir des inspirations en ce monde, il faut pouvoir les réaliser, et quand on fait des générosités, les faire avec son argent et non avec celui des autres. C'est ce que ton père a oublié ; aussi ma surprise a-t-elle été grande quand M. de la Branche m'a parlé de ce testament.

— Tu ne le connaissais pas ?

— C'est par M. de la Branche que j'en ai appris ce matin l'existence et le contenu ; si j'avais soupçonné les intentions de ton père, je ne l'aurais pas laissé les exécuter si mal.

— En réalité, il ne s'agit que de deux cent mille francs qui seraient prélevés sur ma part.

— Ton père n'avait pas le droit de t'imposer ce prélèvement, car ta part, comme tu dis très bien, ne lui appartenait pas, il n'en pouvait pas disposer. Ce n'est pas lui qui te la donne, c'est la loi. La loi m'avait pris une portion de ma fortune, gagnée par moi, par moi seule, tu le sais bien, et elle l'avait attribuée à mon mari ; mais elle ne lui en avait pas accordé la disposition, elle te l'avait réservée. C'est donc avec un argent qui t'appartenait que ton père a voulu faire une générosité, et c'est là ce qui rend son testament nul.

Depuis qu'elle avait abordé la question du testament, madame Daliphare n'avait pas quitté son fils des yeux, et, sur ce visage qu'elle connaissait si bien, elle avait suivi pas à pas l'effet de ses paroles. Elle comprit que le moment décisif était arrivé, et que pour faire réussir le plan qu'elle avait combiné, il fallait qu'elle ne laissât pas à Adolphe le temps de réfléchir.

— Nous opposer à la volonté de ton père, dit-elle en continuant vivement, si peu juste que soit cette volonté, est chose grave. Sans doute la loi nous donne le droit de contester ce testament, qui ne tiendrait pas une minute en justice. Mais au-dessus de la loi et du droit il y a l'équité et la morale, et nous devons nous demander s'il nous est permis à nous, que notre fortune place à la tête du commerce parisien, de contester en justice une libéralité telle que celle de ton père.

Ces paroles étaient textuellement celles qui avaient valu à M. de la Branche l'algarade du matin ; mais madame Daliphare, les trouvant utiles au but qu'elle poursuivait, ne se faisait aucun scrupule de les emprunter au notaire pour se les approprier.

Elle reprit :

— Il faut donc que cette libéralité reçoive son effet. Pour cela, qu'avons-nous à faire ? J'ai réfléchi à cette question toute la journée, et voici ce que j'ai trouvé. D'où vient la part de fortune dont la mort de ton père t'investit aujourd'hui ? De moi, n'est-ce pas ? Qui a gagné cette fortune ? Moi. A qui appartient-elle, je ne dis pas légalement, mais moralement ? A moi aussi, n'est-ce pas ? Eh bien ! il faut qu'il en soit du legs de deux cent mille francs comme il en est de ta part : puisque l'une vient de moi, l'autre en viendra aussi, c'est tout simple.

Sans rien répondre, Adolphe se leva vivement et, venant à sa mère, il la serra dans ses bras en l'embrassant avec des larmes.

— Il faut reconnaître, dit-elle après le premier moment d'effusion, qu'il y a quelque chose de mauvais dans ce moyen, et que la véritable intention de ton père n'est point exécutée. En effet, qu'a-t-il voulu ? D'abord te faire un don, ensuite en faire un aux employés de bureau ; de telle sorte que les uns et les autres, toi et eux, vous tinssiez ce double don de sa générosité. Malheureusement ce n'est point ainsi que les choses peuvent s'arranger dans la réalité : tu tiens ta part d'héritage de la loi, et les employés tiendront leurs deux cent mille francs de moi. Mais, en fin de compte, le résultat matériel sera le même et c'est tout ce que nous pouvons.

— C'est-à-dire que tu me donnes deux cent mille francs.

— Eh bien ! porte-les à mon avoir si tu veux m'en garder reconnaissance ; mais alors ne ferme pas ton livre tout de suite, car nos arrangements ne sont pas finis, et

tu auras encore quelque chose à écrire si tu acceptes ce
que j'ai à te proposer. Mon intention n'est pas que tu
retournes à Amsterdam ou ailleurs, elle est que tu restes
à Paris. Cela te convient-il ?

— Ah ! mère...

— Ne montre pas trop d'enthousiasme, car je penserais
que les raisons qui ont déterminé tes voyages existent
encore, et cela m'épouvanterait. Je veux croire, au contraire, qu'une année d'absence t'a donné l'oubli et la
sagesse. S'il en est ainsi, je te demande d'être mon
associé, et je t'offre la moitié de ma maison ; nous parta-
gerons désormais le travail, l'autorité et les bénéfices ;
nous serons *Veuve Daliphare et fils*. Qu'en dis-tu ?

Elle vint à lui et le regarda longuement dans les yeux.
Elle n'ajouta pas un mot à ce qu'elle avait dit ; mais son
regard parla pour elle, soulignant d'une façon précise les
deux termes contraires de sa proposition : l'engagement
qu'elle demandait et l'offre qu'elle faisait.

— Acceptes-tu ? dit-elle enfin, lorsqu'elle fut certaine
d'avoir été comprise.

— Je voudrais te répondre par un mot qui te dît combien je suis ému de ta bonté.

— Alors ne me réponds rien, et pour ce soir restons-en
là ; il est tard, ta nuit a été mauvaise.

— Je voudrais...

— Non, mon enfant ; la sœur et moi, c'est assez. Tu es
brisé de fatigue. La journée de demain te sera cruelle ;
celle d'après-demain le sera plus encore. Je te demande,
e te prie de prendre un peu de repos.

Elle voulut le conduire à sa chambre ; puis, lorsqu'il fut
au lit, elle revint pour arranger son oreiller comme au
temps de son enfance.

— Je ne veux pas que tu te lèves, dit-elle, en l'embrassant, et pour être bien certaine que tu ne me désobéiras
pas, je t'enferme et j'emporte la clef. Demain matin je
viendrai t'ouvrir.

Quelqu'un qui l'eût vue rentrer dans son appartement
n'eût pas reconnu la femme qui pendant toute la journée

avait tourné sur elle-même dans le salon, anxieuse et sombre ; elle était transfigurée.

Enfin ses désirs étaient exaucés, son ambition était satisfaite : l'associée de son fils, leurs deux noms réunis !

Il n'oublierait jamais qu'il lui devait tout. et désormais il ne vivrait que par elle et pour elle.

IX

L'enterrement avait été fixé au lundi matin ; car si désireuse que fût madame Daliphare de ne pas perdre de temps, elle avait en cette occasion sacrifié son intérêt, ne voulant rien épargner, ni l'argent dépensé en frais funéraires, ni l'argent perdu par la fermeture de la maison un jour ouvrable. Il fallait que les funérailles du père servissent à la réputation du fils ; si le pauvre homme n'avait été bon à rien de son vivant, mort, il serait au moins utile à quelque chose. C'était le lundi seulement qu'on pouvait avoir la messe chantée, et puis le dimanche était le jour des petites gens qui ont besoin de leur travail de toute la semaine.

Adolphe avait été chargé par sa mère de vérifier la liste des billets d'invitation, pour voir s'il ne trouverait pas des noms d'amis, de connaissances, ou de gens avec lesquels la maison était en relations, qui auraient été oubliés. Madame Daliphare tenait à ce que les choses fussent faites grandement et à ce que l'argent qu'elle dépensait produisît tout l'effet désirable ; mille invités ne coûtaient pas beaucoup plus que cinq cents, et l'on avait ainsi des chances pour avoir un bel enterrement. Or elle avait à cœur ce bel enterrement pour les siens et même pour elle.

Grande fut la surprise d'Adolphe, en lisant cette liste, de ne pas y trouver un nom qu'il chercha tout d'abord, celui de madame Nélis. Il la relut une seconde fois, mais sans voir nulle part ce nom, qui devait lui sauter aux yeux, ou un autre mal écrit qui ressemblât à celui-là.

D'où venait cet oubli? Etait-ce un simple oubli ou bien n'était-ce point le résultat d'un ordre donné?

Lorsqu'il avait quitté Paris un an auparavant, ç'avait été à la suite d'un entretien avec sa mère, dans lequel celle-ci lui avait reproché sa trop grande intimité avec Juliette Nélis. Il avait soutenu que cette intimité ne dépassait pas les bornes de l'amitié. Et comme sa mère insistait sur le caractère dangereux que présentait cette amitié avec une jeune fille séduisante sous tous les rapports, excepté sous celui de la fortune, puisqu'elle n'avait rien, il s'était laissé envoyer en Angleterre sans se défendre.

Depuis ce départ, la quasi-intimité qui existait alors entre sa mère et madame Nélis s'était-elle rompue?

C'était ce qu'il s'était demandé plus d'une fois en ne trouvant jamais le nom de madame Nélis dans les lettres de sa mère, et c'était ce qu'il se demandait maintenant en ne trouvant pas davantage ce nom sur la liste des invitations.

Le moyen le plus simple d'obtenir une réponse à ces questions, c'était d'aller interroger sa mère; mais les moyens simples et directs ne sont pas toujours ceux dont on se sert, alors surtout qu'on craint de se livrer,

Demander comment madame Nélis avait été oubliée et ne pas faire cette demande pour d'autres noms, c'était avouer que celui-là tenait une grande place dans sa tête et peut-être même dans son cœur.

Il reprit donc la liste pour la troisième fois, et il se mit à chercher d'autres noms qui eussent été pareillement oubliés; mais ces noms n'avaient pas la puissance de celui de Juliette Nélis et ils ne se présentaient pas à son esprit.

Enfin il en trouva un : c'était celui d'un commensal de la maison, un vieux beau, appelé M. Descloizeaux, qui, pendant la saison d'été, alors qu'il n'était pas en villégiature chez l'un ou l'autre de ses amis, venait dîner souvent le dimanche à Nogent, accablant madame Daliphare de ses compliments régence et M. Daliphare de son amitié protectrice.

Aussitôt et sans en chercher d'autres, il se rendit auprès de sa mère.

— Il y a deux noms d'oubliés, dit-il d'un air surpris.

— S'il n'y en a que deux, ce n'est pas trop.

— C'est que ceux-là ne devaient guère l'être.

— Lesquels ?

— M. Descloizeaux et madame Nélis.

— Et c'est précisément parce qu'ils ne devaient pas l'être qu'ils l'ont été. Je les avais effacés de la liste que j'ai donnée à Lutzius, parce que je voulais leur faire écrire un billet que j'aurais signé. Tu as vu l'amitié de M. Descloizeaux pour ton père, et il me semblait que pour lui un simple faire part était bien sec. De même pour madame Nélis : si nos relations ont été moins suivies en ces derniers temps, c'est une raison pour que, dans ces circonstances, je n'agisse pas froidement avec elle. Mais j'ai été tellement troublée par cette affaire du testament, que j'ai oublié M. Descloizeaux, madame Nélis, et encore deux ou trois personnes. Heureusement il est temps encore.

— Veux-tu que j'écrive pour toi ?

— Maintenant que tu es le chef de la famille, fais ce qui est convenable, je n'entends rien à toutes ces choses. Il m'a semblé que je devais envoyer un mot particulier aux personnes avec lesquelles nous avons une intimité d'un certain genre, mais je ne sais pas si c'est l'usage. Ce sont là des détails que je n'ai pu apprendre autrefois et que maintenant je n'ose demander à personne, si ce n'est à toi. J'ai ma fierté, c'est peut-être une faiblesse ; viens-moi en aide et désormais, pour tout cela, fais ce que tu jugeras devoir faire.

Naturellement il jugea qu'il devait écrire : M. Descloizeaux aurait été seul oublié, un billet de faire part eût suffi ; mais pour madame Nélis et pour Juliette il fallait une lettre.

La cérémonie avait été fixée pour onze heures précises. Un peu avant l'heure, les personnes invitées commencèrent à arriver : les employés de la maison les premiers, comme il convenait, et avant tous Lutzius, qui, depuis dix heures et demie, se promenait en long et en large dans la rue des Vieilles-Haudriettes, comme s'il eût été chargé de surveiller les gens des pompes funèbres. Il s'était fait une tête pour la circonstance, et jamais l'affliction qui se contient n'avait été représentée avec plus de dignité ; un comédien eût été satisfait de cette mine. Le visage allongé, les yeux mi-clos, la lèvre inférieure pendante : c'était parfait. De temps en temps il allait jusqu'au coin de la rue, et, en passant devant la glace du marchand de vin, il regardait rapidement si sa figure gardait l'expression voulue ; selon le besoin, il l'allongeait ou l'élargissait.

A mesure que les employés arrivaient, ils allaient se grouper dans un coin de la cour, l'humilité de leur condition ne les autorisant pas à pénétrer dans le salon où Adolphe, le dos à la cheminée, serrait, sans trop savoir ce qu'il faisait, les mains qu'on tendait vers lui, et encore moins dans la chambre de madame Daliphare, où celle-ci, assise dans un fauteuil comme un roi sur son trône, recevait les compliments de condoléance de ses intimes.

A l'exception de Mayadas et de Flavien, tous les employés étaient au complet, et, en attendant la levée du corps, ils causaient.

— Êtes-vous entré dans la maison ? disait l'un d'eux en s'adressant à Lutzius.

— Pourquoi me demandez-vous ça ?

— Pour connaître le cérémonial des enterrements à Paris et savoir si l'on donne des gants aux invités.

— Quelle bêtise me dites-vous là ?

— A Rouen, où j'étais avant de venir ici, ça se fait dans certaines maisons, et, vous comprenez, c'est très commode. Ainsi, à l'enterrement de mon dernier patron, j'ai eu une paire de gants blancs qui m'a servi pour le mariage de ma fille et pour le baptême de mon petit-fils. Ils étaient très bons, je les ai encore, et pourtant il y a dix ans.

Le caissier ouvrait la bouche pour relever vertement l'inconvenance de cette question, quand l'entrée de Mayadas lui coupa la parole.

Celui-ci, qui avait été sergent-major et qui connaissait les derniers honneurs qu'on doit rendre à ses chefs, s'était mis en grande tenue ; il arrivait, la taille serrée dans sa redingote boutonnée, les mains gantées de gants noirs, les souliers guêtrés de guêtres blanches, et tout en marchant il levait la tête en l'air pour étudier le ciel, couvert de gros nuages menaçants.

— Est-ce que vous avez peur de la pluie ? dit Lutzius en lui serrant la main ; vous, un soldat ?

— Il faut vous dire que j'étrenne aujourd'hui un col et des manchettes de chemise en papier, il paraît que c'est très économique ; mais vous comprenez que dans la circonstance, si nous recevions une bonne averse, ça me chiffonnerait.

— Ah ! très drôle ! dit le caissier en riant à pleine bouche.

Mais, se souvenant aussitôt que le rire lui était interdit pour la matinée, il reprit vivement sa mine allongée, qui véritablement eut quelque chose de lugubre.

— Vous voyez que j'avais raison de soutenir que l'enterrement se ferait le lundi, reprit Mayadas. Nous ne sommes pas en Angleterre, que diable ! et nous ne gardons pas nos morts toute la semaine pour les enterrer le dimanche, par économie de temps et par distraction.

— Il faut dire aussi, continua un autre, que le lundi est un mauvais jour de vente.

Peu à peu la cour s'était remplie, et les personnes qui montaient au second étage avaient à déranger les groupes qui, s'étant formés suivant le hasard des connaissances, causaient et discutaient. Décidément, madame Daliphare verrait ses désirs satisfaits : son mari aurait un bel enterrement.

Du coin dans lequel ils s'étaient réunis, les employés suivaient le défilé et faisaient des commentaires sur les nouveaux arrivants. Quand M. Ferdinand Daliphare

parut, ils poussèrent des exclamations de surprise, que
Lutzius eut peine à réprimer. Habitués à le voir dans ses
vêtements râpés quand il venait furtivement au bureau
causer quelques instants avec son frère, ils ne voulaient
pas le reconnaître dans le personnage étrange qui arrivait : chaussure, coiffure, habit, linge, gants, c'était
véritablement le mannequin d'un magasin de confection
qu'on met en montre pour décider « ceux qui veulent
être bien habillés ».

Mais dans ces habits neufs il paraissait plus usé encore
qu'à l'ordinaire, car il n'y avait plus accord entre le bril-
lant lustré de ses vêtements et les pâleurs ternes de son
visage amaigri. Il se faufilait au milieu des groupes sans
déranger personne, et, seul parmi ces gens qui causaient
de leurs affaires ou qui bavardaient, il allait sans s'occuper de lui-même ou des autres, sans pensées personnelles,
perdu dans son émotion.

Il se fit un mouvement sous la grande porte et les
groupes s'écartèrent pour livrer passage à deux femmes
qui s'avançaient. Toutes deux étaient en noir, mais sans
être en deuil. L'une était une femme de cinquante ans
environ, qui de son ancienne beauté avait conservé un
air de dignité et d'importance ; elle marchait en inclinant
doucement la tête, tantôt à droite, tantôt à gauche,
comme un souverain qui salue ceux qui ont l'honneur de
se trouver sur son passage, ou comme un évêque qui
donne discrètement sa bénédiction. L'autre, au contraire,
marchait sans regarder personne, bien qu'elle ne tînt pas
ses yeux baissés ; elle ressemblait à sa compagne autant
que la vingtième année peut ressembler à la cinquan-
taine ; en tout cas, c'étaient les mêmes traits de beauté
pure et fière, mais ce n'était point le même caractère. Ce
qui avait été froideur et immobilité chez la vieille était
chaleur et vie chez la jeune ; en celle-ci tout parlait : ses
yeux profonds, ses lèvres sanguines, sa démarche souple.

— Avez-vous vu mademoiselle Nélis et sa mère ? dit
Flavien en rejoignant les employés ; elles sont venues à
pied, je les suis depuis le Temple. Hein ! Mayadas, quelle

femme ! Elle éclaire la rue comme un rayon de soleil.

— Ne dites donc pas de ces bêtises, interrompit Lutzius. Ce que je vous fais observer là est pour votre bien, c'est une leçon dans votre intérêt.

Elles avaient monté l'escalier. En les voyant entrer dans le salon, Adolphe quitta la cheminée et vint au devant d'elles. Madame Nélis, qui était tendre et démonstrative, l'embrassa en pleurant : Juliette lui serra la main longuement, les yeux émus dans ses yeux pleins de larmes.

— J'ai une grâce à vous demander, dit-il en l'attirant dans l'embrasure d'une fenêtre et sans lui lâcher la main, je vous en prie, restez avec ma mère.

— Ce que vous nous demandez là est bien grave, répondit madame Nélis, nous ne sommes pas de la famille, et peut-être les convenances... Vous comprenez, mon cher enfant...

Sans l'écouter, il continua à s'adresser toujours à Juliette.

— Remplacez-moi près d'elle, je vous le demande en grâce ; que je vous retrouve là. Moi aussi, au retour, j'aurai besoin de vous, de votre sympathie, de votre amitié.

Elle ne lui répondit pas, mais se tournant vers sa mère :

— Nous resterons avec madame Daliphare, maman.

— Alors très bien ; comptez sur nous, mon cher enfant.

Elles entrèrent dans la chambre de madame Daliphare.

L'heure était arrivée. On descendit l'escalier, et, après un moment assez long de brouhaha et de désordre dans la cour et dans la rue, on se mit en marche.

— Allons, dit Mayadas en regardant le ciel, qui s'était éclairci, il ne pleuvra pas. Nous avons de la chance.

X

Ceux des employés qui avaient cru que, le lendemain de l'enterrement de M. Daliphare, on pourrait arriver au bureau avec moins d'exactitude que de coutume, avaient fait un faux calcul.

La surveillance ne s'était point relâchée ; en entrant, ils trouvèrent madame Daliphare qui, comme tous les jours, se tenait devant la porte, les yeux fixés sur la pendule.

Elle ne fit point d'observations à ceux qui étaient en retard, mais la façon dont elle regardait la pendule, et les yeux qu'elle jetait ensuite sur le nouvel arrivant, valaient une bordée de reproches. On savait par expérience que rien n'était oublié avec elle, et que ce retard de quelques minutes, pour lequel elle ne disait rien en ce moment, était inscrit dans sa mémoire au compte débiteur, et qu'un jour ou l'autre, dans un mois comme dans un an, elle irait le chercher là pour le faire chèrement payer.

Le plus penaud fut Lutzius. Ayant toujours grand soin d'arriver avant l'heure quand il savait qu'on le remarquerait, mais ne se gênant pas pour arriver après quand il espérait pouvoir le faire sans danger, le caissier avait cru que, le lendemain d'un jour de fatigue et d'émotion, madame Daliphare ne ferait qu'une courte apparition au bureau, et il en avait profité pour s'arrêter au débit de tabac du coin. Il apprendrait là ce qu'on disait de l'enterrement dans le quartier, et plus tard il pourrait le répéter à madame Daliphare de manière à toucher la vanité de celle-ci.

Quand il aperçut madame Daliphare debout à sa place accoutumée, il s'arrêta interdit ; puis, après le premier moment de surprise, il vint vers elle pour s'excuser, et, dans ce but, il voulut commencer une phrase entortillée.

Mais elle ne lui permit pas d'aller plus loin dans son explication.

— Je ne vous fais pas de reproches, dit-elle : ce serait du temps perdu ajouté à du temps perdu, c'est assez comme ça.

Sans répliquer et la tête basse, Lutzius entra dans sa caisse.

Il était sans exemple qu'un commis eût osé répondre à madame Daliphare, et, moins que personne, Lutzius, toujours humble et soumis, furieux quand elle était mécontente, riant aux éclats quand elle souriait de ses lèvres pincées, eût risqué une pareille insolence. On se moquait d'elle tout bas, derrière une feuille de papier soulevée à propos ; on la singeait quand elle traversait les bureaux, serrée dans sa robe noire, sans faire plus de bruit qu'une souris. Mais, lorsqu'on était sous le coup de son regard, on la craignait ou on la respectait ; par la seule puissance de l'intelligence et du caractère, cette femme, qui n'avait ni éducation ni manières, avait su imposer l'obéissance à sa volonté, la soumission à son influence.

Tout le monde était à sa place, sans qu'aucun vendeur ou acheteur fût encore arrivé ; elle s'avança au milieu de l'espace libre qui, comme un long corridor, s'étendait entre les grillages des bureaux, et levant les bras pour attirer l'attention :

— Messieurs, dit-elle de sa voix claire qui portait partout, j'ai une communication à vous faire, dont je vous prie de prendre bonne note. Mon fils a été pendant trois ans employé dans ma maison au même titre que vous, ses devoirs ont été les mêmes que les vôtres, et vous ne m'avez jamais vu faire de différence entre vous et lui : en un mot, il a été votre camarade. Mais aujourd'hui les circonstances ne sont plus les mêmes ; il devient mon associé, c'est-à-dire votre chef. Je vous demande pour lui l'obéissance et les égards que vous avez pour moi : entre ma parole et la sienne il n'y a aucune différence. Je compte que vous ne l'oublierez pas.

Il n'y avait rien à répondre ; mais, tandis qu'elle en-

trait dans son cabinet, chacun regarda son voisin. Puis,
quand elle eut disparu, on commenta à voix basse et en
quelques mots cette grande nouvelle.

Lutzius, qui, derrière son grillage, n'avait pas de voisin assez rapproché pour engager avec lui une conversation secrète, prit une feuille de papier, et, après avoir
écrit dessus quelques mots, il la fit passer à Mayadas.

Celui-ci, habitué sans doute à ce genre de correspondance, déplia le papier sans rien répondre au commis
qui le lui passait.

— Eh bien ! que pensez-vous de cela ? demandait Lutzius.

Immédiatement au-dessous, Mayadas écrivit un seul
mot :

Épaté.

Et il renvoya le billet à son auteur.

Flavien, qui travaillait dans le même bureau que Mayadas, et qui avait lu la demande et la réponse, dit que
pour lui il n'était pas si « épaté » que ça.

— Je parierais, dit-il en parlant derrière son copie de
lettres, que c'est ce bavard de Lutzius qui a inventé l'histoire du voyage de M. Adolphe. Pourquoi « madame »
voudrait-elle qu'il n'épousât pas mademoiselle Nélis ?

— Elle n'a pas de fortune.

— C'est possible, mais enfin où trouver une femme
plus séduisante, car elle est charmante, n'est-ce pas ? Elle
a tout pour elle, et il me semble que si quelqu'un pouvait
ne pas vouloir de ce mariage, ce serait mademoiselle
Nélis. La fortune de M. Adolphe ne l'élèvera jamais à la
hauteur de mademoiselle Nélis ; ils ne sont pas de la
même race.

— Vous en êtes donc amoureux ? dit Mayadas en riant.

Flavien rougit ; mais il n'eut pas le temps de répondre,
car madame Daliphare l'appela.

Bientôt il revint dans son bureau prendre son chapeau :

— Autre nouvelle, dit-il à Mayadas, madame veut faire

élever un monument à son mari : elle m'envoie rue Saint-Gilles chercher le marbrier.

— Le marbrier de la rue Saint-Gilles a la spécialité des enseignes : il ne fait pas de monuments funèbres.

C'était en effet une enseigne nouvelle que madame Daliphare voulait, tant elle avait hâte que son association avec son fils fût connue de tout le monde, même des passants, *V° Daliphare et fils* en lettres d'or sur marbre noir.

Quand Adolphe, moins matineux que sa mère, descendit au bureau, il la trouva en conférence avec le lithographe. Après l'enseigne, les imprimés ; dans tout, partout : *V° Daliphare et fils.* Une bourgeoise épousant un duc et pair n'est pas plus pressée de faire graver partout sa couronne, que ne l'était cette mère de voir son nom et celui de son fils réunis.

C'est que ce fils était sa noblesse à elle, son orgueil dans le présent, son ambition dans l'avenir.

En entrant dans la vie, elle n'avait eu qu'un but : gagner de l'argent, et quand l'argent avait commencé à venir dans ses mains et à s'y amasser, elle avait étendu ses désirs et voulu faire fortune. A cela elle avait employé tout ce qu'il y avait en elle de force et d'intelligence, ne voyant rien, ne voulant rien au delà : ce qui est plaisir pour les autres, ce qui est bonheur pour la femme n'avait pas existé pour elle, et, quand elle s'était sentie enceinte, elle avait éprouvé plus de dépit que de joie. Les langueurs et les malaises de la grossesse l'avaient exaspérée, car ils se produisaient précisément à une époque où le travail la réclamait tout entière. Les secousses que lui donnait cet enfant qu'elle n'avait pas désiré et qui devait l'existence au hasard n'avaient pour elle rien d'agréable : c'était un fardeau gênant, voilà tout. L'accouchement, avec ses douleurs et son repos forcé, n'avaient pas modifié ses sentiments. Ce petit morceau de chair rouge, qui pleurait et criait, lui avait fait battre le cœur un moment, il est vrai, quand on le lui avait mis entre les bras ; mais il était devenu bien vite encombrant, et ç'avait été avec une sorte de soulagement qu'elle l'avait vu partir en nourrice. Elle ne savait pas comment on touche à ces petits êtres si frêles, comment on les empêche de crier, et l'instinct maternel n'existait point en elle. Plus tard, quand elle avait vu revenir de la campagne un gros paysan lourdaud, qui faisait un tapage infernal et n'obéissait à personne, dérangeant tout, cassant tout dans la maison, elle n'avait pas trouvé un bonheur bien vif dans sa maternité. Peu à peu cependant elle avait pris une joie de jour en jour plus douce à poser ses yeux sur ceux de cet enfant, à entendre sa voix, à se laisser embrasser par lui, à le caresser ; on lui disait qu'il était bel enfant, ses cheveux frisaient, et puis il avait des mots et des réflexions qui étonnaient. Le besoin de s'occuper de lui et de le diriger avait fait le reste ; son cœur s'était ouvert à ce sentiment maternel qu'elle était restée si longtemps sans connaître. L'argent qu'elle avait tout d'abord poursuivi si âprement était arrivé entre ses mains ; mais, à mesure qu'il s'était amassé, il lui avait fait sentir qu'il ne donnait pas tout dans la vie, et qu'il y avait des satisfactions qu'elle ne pourrait jamais goûter, si riche qu'elle fût. Alors elle s'était dit qu'elle en jouirait dans la personne de son fils et que ce qu'elle ne pouvait pas obtenir, elle fille du père Choichillon, femme de Benoît Daliphare, elle l'atteindrait avec la main de son fils. Le moment était venu de commencer la réalisation de ces convoitises si longtemps caressées, et voilà pourquoi elle avait si grande hâte de se mettre à l'œuvre : V° *Daliphare et fils.* Maintenant le monde lui appartenait.

Lorsque le lithographe fut parti, Adolphe resta debout devant sa mère, comme s'il était indécis sur ce qu'il devait faire.

— Eh bien ! dit-elle, ne veux-tu pas te mettre au travail dès aujourd'hui ?

— Si.

Mais il ne bougea pas.

Il y avait dans le cabinet de madame Daliphare deux

4

bureaux, un grand et un petit : le grand était celui de madame Daliphare ; le petit celui de son mari. En ce moment, ni l'un ni l'autre de ces bureaux n'était occupé, car madame Daliphare se tenait appuyée contre une table haute, sur laquelle on écrivait debout.

Elle regarda son fils, et bien vite elle comprit son hésitation : il ne voulait pas s'asseoir au bureau de son père et prendre ainsi la place de celui qui l'avait occupée si longtemps.

— Assieds-toi donc, dit-elle.

Malgré sa répugnance, il étendit la main pour disposer le fauteuil de son père, mais elle l'arrêta.

— Pas là, dit-elle ; cette place sera désormais la mienne, et celle que j'occupais sera la tienne. C'est celle d'où l'on voit mieux ce qui se passe dans les bureaux, elle fait face aux personnes qui entrent ; enfin c'est celle du chef de la maison, et le chef de la maison maintenant, c'est toi. Je veux qu'il soit bien évident pour tout le monde que c'est toi qui commandes ici et que c'est à toi qu'on doit s'adresser.

— Eh bien ! et toi ?

— Il ne te sera pas défendu de me consulter, dit-elle en souriant, et quand tu voudras prendre mon avis, j'en serai bien aise, mais toujours en particulier, jamais en public.

Jusqu'à l'heure du déjeuner, le temps fut entièrement mis à profit : elle avait mille choses à apprendre à son fils, non plus en quelques paroles générales, comme elle l'avait fait deux jours auparavant, pour leur fortune personnelle, mais en détail, afin de le mettre au courant des affaires de la maison.

Après le déjeuner, il prit son chapeau comme pour sortir ; mais elle le retint et il se laissa faire. Elle se donnait assez de peine pour qu'il la récompensât au moins par son attention et sa soumission.

Le surlendemain, ce fut encore la même chose : même intention de sortir chez le fils, même insistance du côté de la mère.

Le jeudi, ce fut elle qui prit les devants et lui proposa de l'emmener à Nogent ; elle avait besoin de son avis pour des changements projetés. Rendez-vous était pris avec l'architecte et les entrepreneurs : on ne pouvait retarder cette course à la campagne.

Enfin, le vendredi, il annonça si résolûment son intention de sortir, qu'elle ne tenta pas de le retenir.

— Seras-tu longtemps sorti? dit-elle.

— Je ne crois pas. Je vais seulement au Louvre. Je veux comparer les Rembrandt qui sont ici avec ceux que j'ai vus en Hollande.

— Cela presse ?

— Non; mais, comme mes impressions sont encore toutes fraîches, je ne voudrais pas les laisser s'effacer. Et puis j'ai mal à la tête, j'ai besoin de prendre l'air.

— Eh bien! va, mon enfant. A propos, si tu vois les Nélis au Louvre, fais-leur mes amitiés.

Il ne répondit pas.

— Il est probable que tu les verras, continua-t-elle; car Juliette m'a dit qu'elle faisait en ce moment une copie à laquelle elle travaille tous les jours.

— Adieu, maman.

Il descendit rapidement l'escalier, sans se retourner vers sa mère qui le regardait.

XI

Madame Daliphare n'était pas seule à savoir que Juliette Nélis copiait en ce moment un tableau du Louvre; son fils le savait aussi bien qu'elle, pour ne pas dire mieux.

C'était pour voir Juliette au Louvre qu'il avait voulu sortir le mardi, puis le jeudi, et s'il avait cédé à sa mère, ce n'avait pas été sans des mouvements de révolte intérieure.

Il avait fallu pour le retenir le puissant souvenir de son ancienne soumission; surtout il avait fallu l'influence des circonstances présentes et l'évocation de ce que sa mère faisait, en ce moment même, pour lui.

Le temps n'était plus en effet où l'on pouvait l'éloigner de Juliette sans qu'il opposât de résistance, et depuis un an, depuis son départ, ses sentiments à l'égard de mademoiselle Nélis s'étaient profondément modifiés.

Quand il avait connu Juliette, ce n'était qu'une petite fille, tandis que lui était déjà un grand garçon; elle avait douze ans, il en avait dix-sept; elle jouait encore à la poupée; il fumait des londrès achetés les jours de sortie chez une marchande de la rue Soufflot, qu'il aimait et dont il espérait bientôt triompher. Il lisait *Don Paez*, *Namouna*, et trouvait *Paul et Virginie* « panade ».

Comment eût-il fait attention à cette enfant, qu'il voyait quelquefois, les dimanches d'été, à leur maison de campagne de Nogent, lui qui ne rêvait que d'Espagnoles et de courtisanes vénitiennes? Elle était fraîche, rosée, avec de grands yeux noirs, et précisément il ne comprenait que les femmes jaunes comme les oranges, avec des yeux brûlants, « les Andalouses »; au delà de la trentaine et des Pyrénées, c'était la limite où l'on pouvait être aimé.

A ce moment, les relations entre les deux familles étaient très intimes. M. Nélis commençait à être assez mal dans ses affaires, et c'était souvent, pour lui, le salut qu'il trouvait dans une visite à Nogent. Entre deux compliments, en admirant une fleur de la serre ou la disposition d'une corbeille, il se faisait accepter un escompte de quarante ou cinquante mille francs, et son échéance du lendemain en était soulagée d'autant.

Quand M. Nélis était mort, laissant sa femme ruinée et sa fille sans un sou, madame Daliphare, qui avait l'ostentation de la bienveillance, avait redoublé de soins et de prévenances pour la veuve et l'orpheline; chaque dimanche, on les avait invitées à venir à Nogent, et, comme il fallait leur éviter la dépense, on les envoyait chercher le matin par la calèche et on les renvoyait le soir.

Adolphe, qui justement avait besoin des chevaux dans

le milieu de la journée pour promener une vieille célébrité des Folies-Dramatiques, qui habitait le parc de Saint-Maur, n'avait pas trouvé cet arrangement à son goût. Il n'avait rien dit, parce qu'il n'était pas dans son caractère de résister aux volontés de sa mère, mais il avait fait retomber sur Juliette les reproches que sa maîtresse lui adressait.

Quel besoin avait-on d'inviter tous les dimanches, à Nogent, ces deux femmes en noir? Comme c'était gai de dîner avec elles! La vieille, qui racontait des histoires sans queue ni tête, longues de Paris à Pontoise, et la jeune, qui ne disait rien, mais qui vous regardait avec ses grands yeux, sans qu'on pût savoir si elle vous avait compris ou si elle se moquait de vous. Et puis il fallait s'habiller, et en rentrant, éreinté des régates de Joinville ou de la Varenne, il fallait faire toilette : si elles n'avaient pas été là, on aurait simplement mis son pantalon par-dessus ses bottes, au lieu de le laisser dedans, et tout aurait été dit. Mais madame Daliphare, qui était indulgente lorsqu'on dînait entre soi, était féroce sur l'étiquette les jours de cérémonie : plus de chemise de laine ni de vareuse; l'habit, à la campagne, pour une petite grue!

Cependant celle qu'il appelait « une petite grue » et qu'il s'obstinait à ne pas voir, probablement parce qu'il ne la regardait pas, avait produit une certaine sensation parmi ceux qui la rencontraient chez madame Daliphare. On lui avait parlé d'elle, et plus d'une fois on lui avait demandé quelle était cette belle jeune fille; d'autres l'avaient raillé sur ce qu'ils appelaient sa dissimulation. Car partout on trouve de ces observateurs profonds, de ces malins redoutables, qui ne vont pas dans une maison sans deviner, du premier coup d'œil, tout ce qui s'y passe, et sans pénétrer ses mystères.

Il s'était trouvé de ces observateurs chez madame Daliphare, et pour eux l'indifférence d'Adolphe avait été tout simplement le comble de la rouerie. Qui eût cru que ce jeune homme à l'air ouvert et bon enfant était capable de s'observer ainsi? C'était trop fort. Décidément il n'y avait plus de jeunes gens!

Alors, l'esprit éveillé, il s'était mis à regarder cette jeune fille dont tout le monde parlait et que lui seul ne connaissait pas, et il avait été surpris autant que charmé des découvertes qu'il avait faites en elle. Il est vrai qu'il n'était plus au temps où il n'aimait que les femmes *jaunes* et qu'il ne se laissait plus imposer ses goûts par ses souvenirs littéraires.

Mais c'est qu'elle était vraiment jolie, cette Juliette. Il avait donc été aveugle jusque-là de ne pas voir ses grands yeux de gazelle; et il n'avait pas fait attention à ses cheveux, ni à ses lèvres, ni à son sourire. Comme elle était gracieuse lorsqu'elle courait dans le jardin, légère et souple! Et de l'esprit! Comment avait-il pu l'entendre pendant plusieurs années sans avoir jamais été frappé par la spontanéité de ses réparties? Rieuse, il est vrai, moqueuse, mais sans amertume et sans méchanceté, pour le plaisir de rire.

Jusqu'à ce moment, il avait autant que possible tâché de s'échapper les dimanches, tantôt sous un prétexte, tantôt sous un autre, ne passant jamais la journée à Nogent et n'y dînant que lorsqu'il lui était impossible de faire autrement; et cela, au grand chagrin de sa mère, qui eût voulu l'avoir toujours près d'elle, pour l'avoir d'abord et aussi pour qu'il ne fût pas ailleurs. Mais, du jour où il avait pris plaisir à étudier Juliette, il était devenu le modèle « du bon jeune homme », celui qui dîne régulièrement chaque dimanche avec papa et maman.

Madame Daliphare n'avait plus eu à se tourmenter pour savoir si, quand il disait qu'il devait aller le dimanche aux courses de Chantilly, il n'allait pas au contraire à Asnières avec mademoiselle Turlurette ou Fleur-des-Bois; et le lundi matin, quand il arrivait au bureau, elle n'avait plus eu l'angoisse de le regarder à la dérobée, pour voir si son visage ne gardait pas les traces des fatigues de la veille et de la nuit : douloureux examen que passent tant de mères, et qui les peine autant dans leur tendresse maternelle qu'il les blesse dans leur délicatesse féminine.

Tous les dimanches il les avait alors passés à Nogent, et s'il avait encore voulu faire atteler les chevaux, ç'avait été pour aller chercher Juliette à Paris et avoir le plaisir de revenir avec elle par les chemins les plus détournés et les plus solitaires du bois de Vincennes. Les régates avaient été abandonnées, et s'il avait conservé toute sa flottille, ç'avait été pour promener Juliette sur la Marne en l'initiant aux secrets de la voile et de l'aviron.

En même temps que ce changement s'était fait dans ses habitudes, une évolution beaucoup plus significative s'était produite dans ses goûts : le sport avait été remplacé par la peinture. Sous l'influence de Juliette, il s'était intéressé aux choses de l'art ; il avait visité assidûment les expositions et les ateliers, et bientôt il avait commencé, petit à petit, à acheter des tableaux.

Heureuse de le voir adopter une vie calme qui le faisait rester toujours près d'elle, madame Daliphare l'avait encouragé dans cette voie en fournissant généreusement les fonds nécessaires à ses acquisitions. Le commerce des tableaux était, à ses yeux, un commerce comme un autre ; il s'agissait tout simplement d'acheter bon marché, de garder en magasin un temps plus ou moins long, et de revendre cher quand la marchandise avait augmenté. D'ailleurs il lui plaisait de voir le nom de son fils cité dans les journaux ; il est vrai qu'autrefois elle avait eu ce plaisir en lisant le lundi le compte rendu du sport nautique : « *Skiffs*, 1ᵉʳ prix : *Léda*, à monsieur Daliphare. » Mais la citation de ce nom à propos d'un tableau lui semblait plus honorable qu'à propos d'un bateau : cela avait quelque chose de plus relevé, de princier, et quand elle était bien certaine que l'on avait marchandé autant que possible et obtenu le tableau au plus bas prix, elle payait sans se plaindre, et même, si son mari était à ce moment dans son bureau, elle ne manquait jamais de dire qu'une mère était bien heureuse de gagner assez d'argent pour satisfaire tous les désirs de son enfant. C'était cette double influence, celle de Juliette d'un côté et celle de sa mère de l'autre, qui avait dirigé Adolphe dans ses aspirations et avait donné à sa galerie un caractère d'éclectisme qui tout d'abord surprenait ; quand, pour obéir à mademoiselle Nélis, il avait acheté une œuvre hardie signée d'un nom discuté, il achetait bien vite, pour faire plaisir à sa mère, une œuvre médiocre, signée d'un nom marchand, une bonne valeur en ce moment cotée à l'hôtel des ventes.

Pendant assez longtemps cette vie heureuse pour tous s'était continuée, et elle se fût prolongée longtemps encore sans doute, si les gens habiles, les observateurs sagaces qui déjà une fois s'étaient étonnés de la dissimulation d'Adolphe, n'avaient pas fait des remarques sur son audacieuse effronterie. Autrefois il était probablement l'amant de mademoiselle Nélis, parce qu'il ne s'occupait pas d'elle ; maintenant il l'était certainement, parce qu'il s'en occupait trop.

Comme les gens de cette espèce n'ont presque toujours l'esprit aiguisé que par la vertu et le désir de moraliser ceux qu'ils ont le bonheur d'approcher, ils avaient cru devoir prévenir madame Daliphare. D'abord ils l'avaient fait par de délicates allusions et de charitables insinuations ; puis, comme elle avait paru ne pas comprendre, ils s'étaient décidés, à leur grand regret, pour sa tranquillité, pour le bonheur de monsieur Adolphe, pour l'avenir de cette charmante jeune fille, ils s'étaient décidés à dire franchement ce qu'ils avaient remarqué.

Ainsi avertie, madame Daliphare avait ouvert les yeux et les oreilles. Que son fils se plût dans la compagnie de Juliette, c'était bien ; que celle-ci lui rendît la maison de Nogent agréable et l'y retînt, c'était bien encore. Mais qu'il aimât cette jeune fille et qu'entraîné par son amour il en vînt à vouloir l'épouser, c'était trop. Son fils le mari d'une femme qui n'avait rien et qu'il épouserait par amour, allons donc !

C'était alors qu'elle avait exigé qu'il quittât Paris pour l'Angleterre d'abord et ensuite pour la Hollande.

Lorsqu'elle lui avait signifié cet ordre, il avait voulu, sous l'inspiration du premier mouvement, refuser net mais il n'avait pas l'habitude de résister à la volonté de sa mère, et puis, en même temps que la timidité le retenait, la réflexion lui murmurait à l'oreille des paroles qui pesaient sur son esprit naturellement calme.

Il aimait Juliette, cela était vrai; mais où cet amour pouvait-il le conduire? A l'épouser? Il n'avait en ce moment aucune disposition pour le mariage. A devenir son amant? Il était fort douteux qu'elle y consentît, et d'ailleurs, d'un autre côté, il n'était pas de ceux qui trouvent tout naturel et tout simple d'être l'amant d'une jeune fille pour la quitter bientôt. Si elle commençait par être sa maîtresse, ce serait pour devenir sa femme plus tard. A quoi bon commencer par la fin, manger son pain blanc d'abord et son pain noir ensuite? Un voyage coupait court à toutes ces difficultés et tranchait une situation dont lui-même commençait à être fort embarrassé.

Il s'était donc laissé expédier en Angleterre.

Il verrait bien.

Il avait vu que les liens qui s'étaient formés à son insu, et qu'il avait cru pouvoir rompre d'un coup, étaient plus solides qu'il ne pensait.

En Angleterre d'abord, en Hollande ensuite, c'était Juliette, Juliette seule qui avait occupé son esprit et son cœur, et alors il avait commencé à sentir combien fortement il l'aimait.

Loin d'affaiblir sa passion, l'absence en se prolongeant l'avait accrue et irritée. Combien de promenades solitaires avait-il faites sur les bords de la Tamise, à Richmond ou à Greenwich, sur les bords du Muiden, dans le *Plantage*, en pensant aux bords de la Marne, à Nogent, à leurs promenades avec Juliette, à son doux regard, à son sourire!

Au moment où la mort de son père l'avait rappelé, il avait déjà inventé vingt moyens pour revenir à Paris, car il ne pouvait plus vivre loin d'elle, vivre sans elle.

XII

Il savait que le tableau que Juliette copiait était le portrait de Richelieu par Philippe de Champaigne; il n'était donc pas embarrassé pour la chercher.

Mais lorsqu'il arriva à la porte qui fait communiquer la galerie d'Apollon avec le salon carré, il fut surpris de ne pas l'apercevoir à la place qu'elle devait occuper, c'est-à-dire en face de lui.

En venant il s'était fait une fête de se cacher dans l'embrasure de cette porte, de façon à pouvoir regarder Juliette sans que celle-ci soupçonnât sa présence. Perdu dans la confusion des allants et venants, il pourrait rester là aussi longtemps qu'il voudrait et la contempler tout à son aise. Quand il aurait calmé son émotion, il l'aborderait, et, n'ayant point la voix coupée par le trouble de la joie, il saurait ce qu'il dirait. Or, pour lui, c'était chose importante que ses premières paroles : il lui semblait qu'elles devaient engager l'avenir.

Lorsqu'il s'était éloigné de Paris, il n'avait point encore dit à Juliette qu'il l'aimait, c'est-à-dire que le mot amour n'avait point été prononcé entre eux. Mais ce qui est sentiment n'a pas besoin d'emprunter le langage des lèvres pour s'exprimer : un regard, un serrement de main, un mouvement de tête, un silence sont plus éloquents souvent que les mots les plus passionnés ; et, bien que Juliette de son côté n'eût jamais parlé pour dire qu'elle était fâchée ou heureuse de cet amour, il était certain d'avoir été compris. Dans ces conditions, qu'avait-elle pensé de son brusque départ? Quel accueil allait-elle lui faire ? La façon dont elle lui avait serré la main quand elle était entrée lors de l'enterrement ne lui permettait pas de prévoir ce que serait son accueil, car à ce moment elle devait être dans des dispositions de sympathie qui ne lui laissaient pas sa liberté. Mais maintenant l'heure décisive avait sonné, et c'était maintenant que, de son côté comme de celui de Juliette, les paroles décisives allaient être prononcées.

Voilà pourquoi il eût voulu se préparer avant de l'aborder ; en même temps, il lui semblait qu'en la tenant sous son regard, même de loin, il ferait passer en elle un peu de la tendresse qui était en lui.

Comment n'était-elle pas là ? Pourquoi ? Elle lui avait bien dit cependant que tous les jours en ce moment elle travaillait à cette copie, qu'elle devait livrer dans un délai fixé.

Il pensa qu'il avait dû se tromper ; assurément il s'était trompé, elle était là : c'était l'émotion qui l'empêchait de la voir. Et, de fait, il était tremblant, un brouillard s'étendait devant ses yeux. Il tâcha de se raffermir et se mit à regarder de nouveau.

Mais le salon était plein de monde et, au milieu des promeneurs qui circulaient entre les chevalets des copistes ou se groupaient çà et là, il était bien difficile de bien voir : il eût fallu entrer dans le salon, et c'était ce qu'il ne voulait pas. Il se contenta d'avancer la tête pour chercher une bonne position et regarder.

Mais justement, en ce moment même, une file d'étrangers passa devant lui et lui barra la vue. C'étaient des Anglais en famille. Le père marchait en tête majestueusement, en homme qui accomplit une mission et sait le prix de l'argent qu'il dépense ; la mère, longue et sèche, le suivait de près ; puis, derrière elle, venaient cinq grandes filles, échelonnées par ordre de taille : la plus jeune sur les talons de la mère, l'aînée la dernière, pour fermer la haie ; elles s'avançaient à la queue leu leu, comme une troupe de dindes qui vont aux champs, et elles marquaient le pas de leurs longs pieds chaussés de fortes bottines, tandis que leurs voiles de gaze les couronnaient d'un immense panache vert. Arrivée en face des *Noces de Cana*, la troupe s'arrêta et fit une évolution : la mère à côté du père, la plus jeune des filles dans leurs jambes, devant eux les quatre autres de chaque côté,

deux par deux. Alors le père, ayant ouvert son guide, se
mit à lire haut la description du tableau, que personne
ne regardait.

Ainsi groupés, ils formaient entre lui et la place où devait se trouver Juliette un rideau vert. Il attendit un moment; puis, comme la lecture se prolongeait trop longtemps pour son impatience, il entra dans le salon, décidé
enfin à savoir si elle était ou n'était pas là. Pourquoi s'ir-
riter et s'exaspérer ainsi inutilement?

Sa résolution prise, il traversa rapidement le salon,
bousculant ceux qui gênaient son passage.

Mais son premier coup d'œil ne l'avait pas trompé, elle
n'était pas là: un vieux peintre à cheveux gris copiait le
Diogène du Poussin; une petite femme, à lunettes rondes
et bombées comme les verres d'une lanterne, copiait la
Belle jardinière; d'autres copiaient, dans la même travée,
l'*Officier* de Terburg, le *Militaire* de Metzu, le *Concert*
de Valentin; personne ne copiait en ce moment le portrait de Richelieu : une grande toile, il est vrai, était
tournée vers le mur, sa copie sans doute; mais ce n'était
pas son tableau qu'il venait voir, c'était elle.

Où était-elle? Déjà partie? malade peut-être? Ou bien
elle avait terminé sa copie, et alors elle ne viendrait plus
au Louvre.

Il interrogea un gardien, qui lui répondit que mademoiselle Nélis n'était pas encore venue, mais qu'elle
viendrait : elle avait annoncé la veille qu'elle serait en
retard.

Ce n'était plus qu'une affaire de temps ; il pouvait attendre.

Mais il était impatient, nerveux ; pour passer le temps,
il se mit à regarder les peintres qui travaillaient. Jusque-
là, quand il était venu au Louvre, ç'avait été pour voir
les originaux et non les copies ; mais maintenant que
Juliette exécutait une de ces copies, il avait la curiosité
d'examiner ceux qui travaillaient auprès d'elle, — ses
camarades.

Eh quoi! le vieux bonhomme qui du *Diogène* faisait

un devant de cheminée ou un dessus de porte, c'était un peintre ! Peintre aussi était la femme à lunettes qui copiait la *Belle jardinière* et qui, pour plaire aux bonnes sœurs qui la lui avaient commandée, détachait la Vierge sur un fond d'azur en donnant à ses yeux l'expression bête et mignarde inventée par l'art des jésuites. Perchée sur une échelle, une jeune femme copiait la tête d'un des bergers de Ribera ; mais elle ne s'intéressait guère à son travail et paraissait avoir grand souci de ce qui se passait autour d'elle, surtout de ceux qui la regardaient. Elle était assez jolie, avec des cheveux roux qui se déroulaient sur ses épaules. Pendant le temps qu'Adolphe l'examina, elle ne donna pas un coup de brosse à sa toile à peine couverte, mais elle drapa six fois les plis de sa robe, changeant de pose chaque fois, de manière à faire tableau.

Fatigué de ces grimaces, il continua sa visite, puis quand il eut fait le tour du salon il alla s'asseoir de manière à se trouver en face de la porte d'entrée.

Il était là depuis quelques instants, suivant d'un œil distrait le défilé des promeneurs, quand le nom de Juliette, prononcé derrière lui, frappa son oreille. Qui parlait d'elle ? Mais elle n'était pas la seule Juliette ; c'était d'une autre sans doute qu'il allait être question. Il écouta.

— Je voulais voir sa copie ; comment est-elle ?

— Pas mal pour une copie, vous savez ; et puis elle s'y applique.

Il se tourna doucement pour voir sans être remarqué ceux qui parlaient ainsi de sa Juliette, car c'était bien de la sienne qu'il s'agissait.

L'un des interlocuteurs, celui qui avait été interrogé, était un jeune peintre, un grand et beau garçon, à l'air un peu fat et vide, qu'il avait remarqué quelques instants auparavant copiant la maîtresse du Titien ; l'autre était un homme d'une quarantaine d'années, décoré, des grands cheveux, pas de barbe, des vêtements fripés, pas de linge apparent et une corde bleue pour cravate.

— Vous la connaissez... beaucoup ? demanda le peintre d'un ton goguenard.

— J'ai beaucoup connu son père, qui autrefois, quand il était dans la splendeur, m'a facilité mes débuts. C'était un brave homme, intelligent, entreprenant, plein d'idées originales, Je ne sais pas s'il se serait jeté à l'eau pour ses amis, cependant il aimait à obliger et il le faisait noblement. Je lui suis reconnaissant des services qu'il m'a rendus; c'est lui qui m'a ouvert les journaux. Je voudrais maintenant payer à la fille la dette que je devais au père, et faire pour elle dans mes journaux ce que monsieur Nélis a fait pour moi autrefois dans les siens ; seulement, au lieu de la faire écrire, j'écrirai pour elle et je parlerai de sa copie.

— Oh ! une copie...

— Vous êtes gentil pour les petits camarades, vous. Une copie de Philippe de Champaigne, ça ne mérite pas qu'on s'en occupe, n'est-ce pas ? Encore, si c'était une copie du Titien !

— Je n'ai pas dit ça.

— Ce ne sont pas les paroles de votre chanson, mais c'en est l'air. Au reste, vous avez raison et je trouve tout naturel que vous soyez surpris de me voir parler d'une copie ; je ne le ferais pas assurément pour tout le monde. J'ai rencontré madame Nélis l'autre jour ; elle m'a demandé ça pour sa fille. Il faut bien que je profite de l'occasion qui se présente, je ne peux le faire à propos de son nez.

— Son nez vaut bien sa copie ; elle a du galbe, c'est une belle fille.

— Des cheveux, des yeux et ses vingt ans !

— Et sa jambe ? Vous ne l'avez donc jamais vue sur son échelle ? Il faut voir ça, mon cher, ça vaut le voyage du Louvre. Et dire qu'il y a un tas de crétins d'Anglais, d'Américains, de Péruviens, qui tombent en pâmoison devant la *Joconde* ou autre vieux chef-d'œuvre, et qui n'ont jamais regardé ce chef-d'œuvre vivant qui s'appelle la jambe de Juliette Nélis : c'est peut-être un peu fin, un peu trop jambe de biche, mais malgré ça c'est charmant.

Il y a longtemps que j'aurais fini mon Titien sans cette jambe adorable qui me fait loucher.

— Elle la montre ?

— Oh ! non ; seulement elle la laisse voir, c'est une nuance, et c'est là ce qui la distingue de cette grande cigogne toujours perchée devant le Ribera.

— Voulez-vous que je vous donne un conseil? dit le journaliste en riant.

— Pour ma copie ?

— Non ; pour Juliette Nélis, qui me paraît vous occuper beaucoup trop. Eh bien ! défiez-vous des jambes de biche. Si vous avez des intentions sérieuses à son égard...

— Je n'ai pas d'intentions sérieuses à l'égard de Juliette Nélis, je vous assure.

— Laissez-moi vous formuler mon conseil, il pourra vous servir dans la vie. Donc je suppose que vous aimez une jambe comme celle dont nous parlons ; alors vous vous arrangez de manière à la voir nue.

— Pas bête du tout, votre conseil.

— Pas si vite. J'entends que vous allez aux bains de mer avec elle, par exemple, et naturellement vous la voyez jambes nues. Si la peau est lisse, risquez-vous ; mais, au contraire, si elle est couverte d'un léger duvet, tenez-vous sur vos gardes.

— Ah bah !

— Allez regarder les jambes du satyre qui contemple Antiope dans son sommeil, et vous comprendrez sur quoi repose ma théorie. Les anciens, qui donnaient des jambes de chèvre aux faunes, aux satyres, aux sylvains et autres personnages lascifs, savaient ce qu'ils faisaient. Là-dessus je vous quitte, heureux d'avoir prêché la bonne parole.

— Et la copie du Richelieu ?

— Vous direz à Juliette que je n'ai pas pu attendre. Au reste, je n'ai pas besoin de voir sa copie. Si vous croyez que je vais faire de l'esthétique là-dessus... Non. Quelques bonnes lignes pratiques avec des chiffres, c'est tout ce qu'il faut, et cela vaudra mieux pour elle qu'un feu

d'artifice d'adjectifs : la réputation des peintres se fait
avec l'arithmétique. Adieu.

Adolphe était indigné. Eh quoi ! c'était ainsi qu'on parlait de celle qu'il aimait, avec ce sans-gêne, cette licence,
cette grossièreté. « Elle avait du galbe. » On la comparait
à cette fille rousse. Et ses jambes ! Quelle blessure pour
son amour, qui souffrait dans sa délicatesse et sa pureté !
Ses jambes ! Comme il eût étranglé ces deux hommes
avec jouissance ! Elle connaissait ces gens, elle vivait au
milieu d'eux, elle était exposée à leur outrageante familiarité !

Il resta un moment suffoqué, mais tout à coup il se leva.
Elle venait de paraître, et dans le linteau de la porte qui
lui faisait une sorte de cadre, la lumière l'éclairait. Son
visage animé par la course, ses yeux brillants, la grâce
de sa démarche, les plis de sa robe longue : tout en elle
l'éblouit. Le nuage noir qui l'enveloppait fut déchiré par
ce rayon de soleil et une douce chaleur le pénétra. Enfin.

XIII

Elle ne le vit point et, sans regarder autour d'elle, elle
traversa le salon pour gagner sa place ; sa mère marchait
sur ses talons, portant dans le pli de son bras un volume
à couverture rose.

Un gardien s'empressa de lui apporter un tabouret,
une boîte et un long rouleau de toile cirée qu'il étendit
sur le parquet.

Alors elle défit son mantelet et, l'ayant posé sur un
barreau du tabouret, elle ouvrit sa boîte avec une petite
clef suspendue à une chaîne, et se mit au travail.

Pendant ces préparatifs, Adolphe n'avait pas quitté sa
place, profitant de la bonne fortune que le hasard lui apportait : elle paraissait si attentive à son travail qu'il
n'était pas probable qu'elle tournât les yeux de son côté.
Quant à madame Nélis, elle s'était assise sur un pliant,

au pied de l'échelle sur laquelle sa fille était montée, et
elle s'était plongée dans son volume rose; on ne voyait
d'elle que les plumes de son chapeau, qui de temps en
temps frémissaient, agitées sans doute par les tremble-
ments d'horreur ou de joie de la lectrice.

Il n'avait jamais vu Juliette travailler. Quelquefois, à
Nogent, elle avait esquissé un arbre ou une fleur sur un
petit album qu'elle portait toujours dans sa poche; mais
toutes les fois qu'il était entré dans son atelier, elle avait
posé sa palette et ses brosses, s'interrompant de peindre.
Il y avait là chez elle une sorte de timidité et de pudeur
qu'il n'avait pas pu vaincre.

Il fut surpris de la voir se mettre si librement à l'œuvre,
et il lui en voulut presque des refus qu'elle lui avait
opposés chez elle. Pourquoi n'avait-elle jamais voulu travailler devant lui, alors qu'elle était si peu gênée par le
public? L'idée ne lui vint pas que la même femme qui
remonte discrètement sa guimpe lorsqu'elle est seule avec
un homme dont le regard la trouble, n'aura aucun scrupule à se décolleter le soir devant cent personnes.

Il fût resté longtemps à la regarder montant et descendant les marches de son échelle, travaillant activement,
librement, sans aucune préoccupation de la galerie, si
tout à coup il n'avait vu par hasard le jeune peintre qui
copiait le Titien abandonner sa toile et se diriger vers
Juliette.

Il le devança rapidement et en quelques pas il fut près
d'elle.

Cette brusquerie fit lever la tête à madame Nélis, qui
dans le trouble de sa surprise laissa tomber son livre sur
le parquet.

— Comment! c'est vous, mon cher Adolphe? s'écria-
t-elle en poussant des exclamations, des *oh!* et des *ah!*

Juliette était descendue et vivement elle lui tendit la
main.

— Je vous attendais hier, avant-hier, dit-elle; vous
m'aviez parlé...

— Je n'ai pas pu venir, ma mère.

— Malade peut-être, interrompit madame Nélis ; c'était ce que je craignais. Je le disais encore ce matin à Juliette : pourvu que cette chère madame Daliphare ne tombe pas malade. Mes pressentiments ne me trompent jamais : quand j'ai dit une chose le matin, il est bien rare qu'elle n'arrive pas dans la journée, ou le lendemain, ou la semaine suivante, enfin un jour ou l'autre, tôt ou tard.

— Mais ma mère n'est pas malade, interrompit Adolphe.

— Pas malade, cela ne m'étonne pas d'elle. Une autre l'aurait été, et c'était bien certainement à une autre que je pensais quand j'avais des craintes, à une femme ordinaire ; mais votre mère n'est pas une femme ordinaire. Étonnante, prodigieuse ; je le disais encore à Juliette ce matin. Madame Daliphare tomberait malade sous le coup qui la frappe, cela ne m'étonnerait pas ; mais elle le supporterait au contraire sans en être ébranlée, que cela m'étonnerait moins encore.

Adolphe, pour arrêter ces flux de paroles, s'était baissé et avait ramassé le volume rose ; c'était un roman nouvellement paru : *Hermance, histoire d'une âme.* Il le tendit à madame Nélis, qui le prit sans s'interrompre.

— Si vous aviez vu comme votre pauvre mère était émue dans ce moment terrible ; nous le savons, nous qui sommes restées près d'elle. Cela ne paraissait pas au dehors, parce qu'elle sait se contenir et rester maîtresse de sa volonté, mais on ne me trompe pas. Vous comprenez, quand on a souffert soi-même, on a un certain tact pour découvrir la souffrance chez les autres. En la regardant assise dans son fauteuil, les yeux secs...

— Maman, interrompit Juliette.

Mais madame Nélis ne se laissait pas couper la parole, même par sa fille ; quand elle avait commencé un récit, elle allait jusqu'au bout, passant à travers tout, et se retrouvant toujours malgré ses échappées à gauche et ses retours en arrière.

— Il faut qu'Adolphe sache cela, dit-elle, un fils ne saurait trop apprendre à connaître et à estimer sa mère.

Je ne veux pas raviver des souvenirs cruels pour vous, mon cher enfant ; je veux au contraire adoucir leur amertume en y mêlant une consolation, et c'est une consolation de savoir qu'on a pour mère une femme... une femme... enfin une mère. Je me disais donc en regardant madame Daliphare, assise dans son fauteuil, les yeux secs : Nous allons avoir une explosion ! C'est extraordinaire comme j'ai le pressentiment de ces choses-là. Tout à coup, voilà votre maman qui se lève et s'écrie : « Les panaches ! » Comme j'attendais l'explosion et me tenais sur mes gardes, je ne suis pas surprise ; seulement je suis effrayée, et c'est bien naturel, n'est-ce pas ?

Ne sachant que répondre, il inclina la tête.

— Q'allait-il se passer ? continua madame Nélis. Étions-nous en présence d'une crise nerveuse ou d'une attaque de folie ? Tout est possible, tout est à craindre dans de pareilles circonstances. Heureusement je ne perds jamais mon sang-froid, si grand que soit mon trouble. Je la regarde et je lui dis doucement « les panaches ? » Bien entendu, je ne comprenais pas ce que je disais ; mais, vous savez, c'est une règle de médecine qu'il ne faut pas exaspérer les fous. Je vous donne ce renseignement comme sûr ; j'espère que vous n'en aurez pas besoin, cependant ne l'oubliez pas : on ne sait pas ce qui peut arriver. J'ai retenu ainsi une foule de recettes médicinales qui ne m'ont jamais servi à rien, mais qui me seront peut-être très-utiles un jour. « Oui, me répond votre mère, avez-vous vu les panaches ? » Que dire ? Il me sembla qu'elle désirait qu'on eût vu ces panaches ; je lui dis donc que nous les avions vus. « Ah ! tant mieux, dit-elle avec un soupir de soulagement. J'avais oublié de prévenir mon beau-frère Ferdinand, qui s'est occupé des pompes funèbres, que je voulais des chevaux avec des panaches, et je ne savais pas s'il les avait commandés. » Je respirai ; ce n'était pas une crise de folie, mais une explosion de sollicitude. Alors, ne craignant plus rien et n'ayant plus de manie à flatter, je lui dis la vérité, c'est-à-dire que je ne savais pas si les chevaux avaient ou n'avaient pas de panaches, par cette excellente raison que nous n'avions pas vu les chevaux. Elle me regarda alors en face et me demanda si je perdais la tête. C'est là une petite vivacité que je lui pardonne de tout mon cœur. Je ne me fâchai point et lui dis que j'avais mal compris sa première question. Mais cette affaire des panaches la tenait au cœur ; pendant le temps que nous restâmes avec elle, elle répéta à deux ou trois reprises « les panaches ». N'est-ce pas admirable que, dans un moment pareil, elle ait été assiégée par cette préoccupation ? Je ne connais pas de meilleure preuve de sa sollicitude et de sa tendresse.

Elle eût pu continuer longtemps ainsi ; depuis quelques minutes il ne l'écoutait plus. Juliette s'était peu à peu éloignée, et tandis que sa mère, tenant Adolphe sous sa main, se trouvait du côté gauche de son tableau, elle était passée du côté droit. Voyant cela, le jeune peintre qui tournait autour d'eux, s'était approché et avait engagé avec elle une conversation qu'Adolphe tâchait d'entendre.

Mais madame Nélis, incapable d'admettre qu'on ne l'écoutât pas lorsqu'elle parlait, continuait toujours :

— Il est bien certain que vous êtes victime de la fatalité. Cela ne devrait pas arriver. Votre père était la force même, il devait vivre cent ans : bel homme, bien bâti, solide, sain. Vous tenez de lui. Aussi rien ne m'ôtera de l'idée qu'il a été mal soigné par le médecin, qui n'a rien compris à sa maladie. Vous me direz que M. Clos est un excellent médecin ; je sais que c'est l'opinion admise. Ce n'est pas précisément la mienne. D'abord il n'est pas poli. Ainsi, il y a quelques années, votre mère étant malade, je me suis rencontrée avec lui chez vous. Je lui ai soumis une objection sur le cas de votre mère, en lui indiquant une recette que je savais être excellente. Eh bien ! il ne m'a même pas répondu ; il n'a pas discuté, repoussé mon idée, il ne m'a pas répondu. On répond toujours à une femme ; l'homme qui ne le fait pas ne m'inspire pas confiance.

A ce moment Juliette se rapprocha et se jeta à travers cet entretien, qui menaçait de ne plus finir.

— Levraut est venu, dit-elle.

— Quel malheur ! s'écria madame Nélis, passant d'une désolation à l'autre ; je te l'avais bien dit, nous n'aurions pas dû nous absenter. Il ne verra pas ta copie, il n'en parlera pas.

— Pardonnez-moi, dit le jeune peintre en intervenant ; il m'a assuré qu'il en parlerait. Il connaît les talents de mademoiselle Juliette.

— Merci pour cette bonne parole, mon cher monsieur Godfroy, dit madame Nélis.

Et, avec un geste de souveraine, elle tendit sa main au jeune peintre.

Adolphe était exaspéré : cette intrusion du peintre, suivie de démonstration d'amitié, le blessait au cœur. Cet homme n'était-il pas celui qui quelques instants auparavant parlait si librement, si grossièrement de Juliette ?

— A propos, continua le peintre, avez-vous vu le tableau de Francis Airoles ?

— Non.

— Eh bien ! il faut y aller, chez Roelz, le sculpteur, à Passy, boulevard Suchet. C'est là qu'il est exposé, Airoles n'ayant pas d'atelier à Paris et vivant à la campagne. Un semeur vu de face, qui jette sa graine en marchant d'un pas régulier ; le champ est bordé d'un côté par les arbres d'une forêt que l'automne commence à jaunir. Le semeur est grandeur nature, ce qui fait pousser des cris de paon à la critique, comme si Paul Potter n'avait pas peint son taureau de grandeur naturelle. Le tableau d'Airoles sera un jour aussi célèbre que le Paul Potter ; en attendant, ce sera la révolution du prochain Salon. Jamais le paysan n'a été compris comme ça. On verra qu'on peut faire du style et de la grande peinture avec un paysan aussi bien qu'avec un Romain ou un martyr. Et c'est l'œuvre d'un homme de vingt-cinq ans ! Le connaissez-vous ?

— Non.

— Lui vous connaît ; dans sa dernière lettre il me parlait de vous, et il me disait que puisque je vous vois chaque jour, je ferais bien mieux de faire une étude d'après vous que de copier mon Titien. Je vous montrerai sa lettre.

Tout en parlant, le jeune peintre s'amusait à faire des plis dans la robe de Juliette, avec le bout de son appui-main ; puis de temps en temps il lui touchait le poignet. Sans se fâcher de cette familiarité, elle repoussait l'appui-main en riant.

Adolphe était fou de colère ; Juliette vit les yeux féroces qu'il lançait au jeune peintre.

— Allez donc travailler, dit-elle à celui-ci, vous perdez votre temps et vous me faites perdre le mien.

— Au revoir, la sagesse.

— Adieu, la flânerie.

Il retourna à sa copie et Juliette se remit au travail.

Adolphe vint se mettre près d'elle, du côté opposé à celui où madame Nélis était assise.

— J'étais venu pour vous parler, dit-il d'une voix émue.

— Eh bien ! je vous écoute.

— Ici je ne pourrais pas le faire librement, au milieu de ces promeneurs, de ces gens qui viennent se mêler de ce qui ne les regarde pas. Je voudrais vous voir chez vous.

— Volontiers ; venez dimanche, je travaillerai toute la journée dans mon atelier.

— Alors à dimanche.

— Maman, dit-elle en s'adressant à sa mère, M. Adolphe nous promet sa visite pour dimanche.

— Vous serez le bienvenu, mon cher enfant. Je n'ose pas vous inviter à déjeuner. Il était un temps où l'on déjeunait chez nous, et même où l'on y dînait ; mais, hélas !

Il resta encore quelques instants, causant de choses indifférentes, de peinture, d'expositions ; puis il les quitta.

XIV

Il était allé au Louvre, porté par les ailes de l'espérance ; il revint rue des Vieilles-Haudriettes, abattu et désolé.

Il était furieux contre tout le monde et mécontent de lui-même.

De cette journée dont il s'était fait grande fête il ne rapportait qu'un mauvais souvenir.

Pendant les quelques jours où il avait voulu aller au Louvre, sans trouver ou plus justement sans prendre le moyen de réaliser son désir, il n'avait point agité en lui-même la question de savoir ce qu'il dirait à Juliette ; il n'avait pas fait un plan ; il n'avait pas noté dans sa tête les points qu'il traiterait. Seulement il avait pensé qu'il aurait une explication avec elle. Laquelle ? C'était ce qu'il n'avait pas précisé, car il n'était pas dans ses habitudes de décider à l'avance ce qu'il ferait ; il aimait au contraire à remettre sa fortune aux mains de l'imprévu, pour les choses graves aussi bien que pour les futiles, et il comptait toujours que le hasard arrangerait ses affaires au mieux de ses intérêts : méthode commode pour lui, par cela qu'elle donnait satisfaction à sa paresse naturelle en même temps qu'à son indécision de caractère.

Mais, dans cette circonstance, ce bienheureux hasard, tant de fois son complice, s'était tourné contre lui ; il n'avait pas pu avoir avec Juliette cette explication dont il attendait des merveilles, et d'un autre côté il avait eu cette mauvaise chance, alors qu'il devait se taire, de voir les autres parler et d'entendre ce qu'ils disaient.

Et ce qu'il avait vu, aussi bien que ce qu'il avait entendu, n'était point pour le contenter dans le présent ni le rassurer dans l'avenir.

Sans avoir jamais jusque-là sérieusement pensé au mariage, il s'était fait un certain idéal de la jeune fille qu'on épouse : innocence parfaite, ignorance, naïveté, les yeux baissés, le langage réservé, en un mot, la petite-fille qui s'est enveloppée dans sa robe de première communion et y est restée immaculée à l'abri des atteintes de la vie, les oreilles bouchées, les yeux fermés, n'ayant près d'elle ni amies, ni camarades, ni frères, ni cousins. C'était à peu près ainsi qu'il s'était fait autrefois un idéal de la femme qu'il aimerait, « la femme jaune, Andalouse ou tout au moins Castillane », ce qui ne l'avait pas empêché d'aimer une femme qui était blanche et Parisienne.

Or Juliette ne ressemblait en rien à ce modèle de jeune fille qu'il avait reçu des mains de la tradition et de la convention. Si elle avait l'innocence, ce qu'il croyait fermement, elle n'avait pas la naïveté, ni les yeux baissés, ni le langage réservé, et il y avait longtemps qu'elle avait quitté sa robe de première communion, comme le papillon laisse là sa chrysalide pour s'envoler.

Dans ses promenades mélancoliques à l'étranger, alors qu'il pensait à elle, il s'était bien souvent inquiété, se demandant quelle pouvait être sa vie, quels gens elle voyait, comment elle passait son temps et avec qui ; mais ce que son esprit avait inventé ne ressemblait en rien à la réalité.

Jamais il n'avait imaginé qu'on pouvait parler d'elle comme l'avaient fait ce journaliste et ce peintre, jamais il n'avait supposé qu'on pouvait la traiter avec cette familiarité. Il voulait bien accorder quelque chose à la liberté d'une artiste, mais cette camaraderie dont il avait été témoin le révoltait. Où s'arrêterait-elle ? Ce jeune peintre à l'air fat était-il le seul qui se permît ces familiarités ? Si elle en riait avec lui, elle ne devait pas s'en fâcher avec d'autres. Celui-là était bête et grossier — au moins c'était ainsi qu'il le jugeait dans sa jalousie ; — mais les autres ?

Parmi ceux-là, ne s'en trouvait-il pas qui pouvaient lui plaire et qu'elle aimait ? Pourquoi cela ne serait-il pas ?

Il n'était pas soupçonneux, et c'était seulement à la dernière extrémité, quand il ne pouvait plus fermer les veux à l'évidence, qu'il admettait mal. Mais quel mal ferait Juliette en se laissant aimer? S'était-elle engagée envers lui? Lorsqu'il était parti pour l'Angleterre, avait-il été lui demander d'attendre son retour? s'était-il jamais expliqué franchement avec elle? lui avait-il jamais parlé de son amour? Il le lui avait montré, il est vrai; maintes fois il lui avait donné des preuves de cet amour; mais après? Dans les conditions de fortune où elle se trouvait, si différentes de celles dans lesquelles il se trouvait lui-même, cet amour qui ne s'exprimait pas franchement n'était-il pas un outrage plutôt qu'un hommage? Son silence obstiné ne disait-il pas : « Je vous aime, cela est vrai; mais c'est malgré moi, contre ma volonté et contre mes espérances; j'ai du bonheur à être avec vous, cela est vrai aussi; mais ce bonheur me gêne; un homme dans ma position ne peut pas devenir le mari d'une jeune fille qui n'a rien; encore si vous aviez un million ou deux, comme je serais heureux de vous dire que je vous aime, non plus seulement des yeux, mais des lèvres, avec un bon contrat de mariage à l'appui? » Son départ ne confirmait-il pas pleinement ce langage, avec cette circonstance aggravante que pendant cette année de voyage, il ne lui avait pas écrit une fois, et que pas une fois il ne lui avait envoyé un signe de vie?

Pourquoi l'eût-elle attendu? Savait-elle s'il reviendrait? revenant, savait-elle s'il parlerait?

Alors pourquoi n'aurait-elle pas permis qu'on l'aimât, et pourquoi elle-même n'aimerait-elle pas? Elle était assez séduisante pour provoquer l'amour et assez sensible pour répondre à un sentiment qu'elle aurait excité.

Dans le milieu où elle vivait, les occasions ne lui avaient pas manqué.

Agitant ces pensées dans sa tête, partagé entre la crainte et l'espérance, il rentra, peu disposé à la conversation et à l'épanchement avec sa mère.

— Eh bien! dit celle-ci en le regardant à la dérobée, as-tu vu les tableaux que tu voulais?

— Oui.

— Sont-ils supérieurs à ceux que tu as vus à Amsterdam et à La Haye?

— Non.

— Tes impressions étaient-elles encore assez vives pour te permettre de comparer?

— Oui.

— Alors tu es content de ta promenade!

— Oui, maman.

— Tu n'en as pas l'air.

— Excuse-moi, j'ai mal à la tête; je vais me mettre à travailler.

— C'est un joli remède. Je ne veux pas de ça. Ne travaille pas trop. C'est d'avoir trop travaillé pendant ces derniers jours que tu es souffrant. Demain soir, nous irons à Nogent, et nous n'en reviendrons que lundi; la campagne te fera du bien.

Ce voyage à la campagne ne pouvait pas lui convenir. Et Juliette, comment la verrait-il, s'il allait le dimanche à Nogent? Et leur explication?

— Je ne tiens pas du tout à aller à Nogent, dit-il, et je t'assure que je n'ai pas besoin de la campagne; si tes affaires te retiennent à Paris, ne les abandonne pas pour moi. Je ne veux pas que notre association commence par te faire perdre ton temps.

— Nous irons à Nogent, dit-elle d'un ton qui n'admettait pas de réplique.

Il eut cependant envie de répondre qu'il voulait rester à Paris; mais, comme il n'avait pas prévu cette complication et n'avait pas un bon prétexte préparé à donner, il se tut. Il ne lui convenait pas de dire qu'il devait faire une visite à Juliette ni de laisser soupçonner qu'il pouvait la voir.

— A propos, dit madame Daliphare, as-tu rencontré les Nélis dans ta promenade au Louvre?

— Oui.

— Je t'avais bien dit que tu les verrais. Elles vont bien?

— Très bien; elles m'ont chargé de leurs amitiés pour toi.

— C'est joli cette copie que fait Juliette ?

— Tout à fait remarquable : elle a vraiment un grand talent, et depuis un an elle est encore en progrès.

— Je suis bien heureuse de ce que tu me dis là ; je l'aime beaucoup cette chère enfant, et cela me rassure de voir qu'elle pourra se créer une bonne position et vivre indépendante.

Il n'eut plus qu'une préoccupation : trouver un moyen pour ne pas aller à Nogent, sans avouer la vérité ou la laisser soupçonner. Ce fut à chercher ce moyen qu'il employa sa journée du samedi ; mais le temps s'écoula sans que rien de bon se présentât à son esprit.

A trois heures, alors qu'il croyait avoir encore quatre heures devant lui, sa mère vint le surprendre pour lui annoncer qu'elle avait avancé son départ et qu'elle le priait de l'accompagner ; il conduirait lui-même le phaéton.

Il ne lui restait plus comme ressource que de revenir le dimanche de Nogent à Paris ; après tout, ce n'était pas impossible.

Mais au moment où il allait réaliser cette idée, sa mère entra dans sa chambre pour lui demander de l'accompagner. Elle voulait faire une promenade pour voir les jardins de ses voisins.

Madame Daliphare, qui possédait à Nogent une de ces belles maisons dont les jardins descendent jusqu'aux bords de la Marne, ne connaissait pas plus l'art du jardinage que les usages du monde ; mais elle avait l'orgueil de vouloir que son jardin fût le mieux entretenu et le plus richement orné du pays. La chose eût été facile en prenant un bon jardinier, à qui elle aurait ouvert un large crédit ; mais ce système n'était pas le sien : elle voulait ordonner elle-même. Seulement, comme elle se rendait justice et savait son inexpérience, elle voulait acquérir ce qui lui manquait. Pour cela, elle se promenait devant les grilles de ses voisins et prenait chez les uns et les autres ce qu'elle trouvait à son gré pour le faire exécuter chez elle. De cette contrefaçon elle composait un ensemble qui la satisfaisait ; n'avait-elle pas réuni chez elle seule ce qui était disparsé chez vingt autres ?

En entendant annoncer cette promenade, Adolphe eut le courage du désespoir et déclara que son mal de tête persistant, il n'avait qu'un moyen de le guérir, c'était de faire à pied une longue course à travers la campagne dans les plaines de Villiers et de Noisy : il irait droit devant lui, déjeunerait n'importe où et reviendrait pour dîner.

Une heure après, il sonnait à la porte de l'atelier de Juliette.

Ce fut madame Nélis qui vint elle-même lui ouvrir. Elle le fit entrer dans une petite pièce où, sur une large table en bois blanc, des étoffes étaient étalées. C'était le cabinet de travail de madame Nélis, lorsqu'elle ne lisait pas *Hermance, histoire d'une âme,* ou d'autres livres de ce genre, elle passait sa vie à tailler et à bâtir des robes, des ceintures, des paletots et des mantelets. Elle avait toujours eu le goût pour la toilette, et, depuis que sa position de fortune ne lui permettait plus de faire de longues stations chez sa couturière et encore moins des commandes, elle se consolait en coupant de ses mains des vieilles robes du temps de sa splendeur qu'elle mettait à la nouvelle mode. Un vieux chat, qui, lui aussi, avait connu des jours meilleurs, était couché sur un coussin en soie qui occupait un coin de la table, et de ses yeux verts il suivait la marche des ciseaux comme s'il présidait à ce travail.

— Vous arrivez de bonne heure, dit madame Nélis ; vous nous surprenez presque. C'est bien gentil à vous. Mais, d'un autre côté, Juliette va être désolée.

— Elle n'est pas là ? dit-il le cœur serré.

— Elle est sortie, il y a deux heures, pour retourner à Passy. Hier nous sommes allées voir le tableau de Francis Airoles, vous savez, le tableau dont M. Godfroy nous a parlé l'autre jour, et elle l'a trouvé si beau qu'elle en a rêvé toute la nuit. Ce matin, elle a voulu le revoir, et elle est retournée à Passy. De peur que vous n'arriviez, je n'ai pas voulu aller avec elle, et je lui ai donné notre vieille bonne pour l'accompagner ; elle va revenir d'un moment à l'autre.

XV

Madame Nélis avait pris place devant sa table.

— Puisque vous êtes là, dit-elle, il faut que je vous consulte. Je suis certaine que vous pouvez me donner un bon conseil ; peut-être même aurez-vous quelques idées originales : vous êtes un homme de goût, et j'ai pleine confiance en votre jugement. Vous savez voir.

— Je suis heureux de me mettre à votre disposition.

— L'affaire a son importance ; voici ce dont il s'agit.

Elle prit son livre et se mit à lire.

— « Hermance était en beauté, et, comme si ses grâces naturelles n'avaient pas suffi pour éblouir, elle y avait joint les séductions d'une ravissante toilette. Figurez-vous un costume de poult de soie noire, garni de volants, de biais de velours rubis et de dentelle noire ; le corsage est à revers avec gilet de satin rubis, les manches sont à revers de velours, et les basques, de velours rubis, font postillon derrière.

Elle poussa son volume devant elle, et, regardant d'un air triomphant Adolphe stupéfait :

— Que pensez-vous de cela ? dit-elle.

Ainsi interpellé, il devait répondre ; mais précisément c'était le difficile.

— J'avoue que je ne connais rien à la toilette, dit-il enfin.

— Au contraire, vous vous y connaissez ; je me souviens de vous avoir entendu faire autrefois des observations très fortes à ce sujet.

— En tout cas, comme je ne me figure pas la toilette dont vous m'avez lu la description, je ne peux pas la juger.

— Vous ne vous la figurez pas ? La description est

cependant admirable, comme tout ce qu'écrit l'auteur ;
au reste, je vous donnerai *Hermance*, vous verrez. C'est
le genre que j'aime ; par malheur, il n'est plus pratiqué
que par quelques esprits délicats. Maintenant on veut
nous montrer la vie humaine telle qu'elle est : beau
sujet d'étude pour un auteur et beau spectacle pour le lec-
teur. Moi, j'aime un auteur qui pour écrire s'enferme dans
un kiosque dont les fenêtres sont en verres roses, et qui
répand sur tout ce qu'il nous montre cette nuance délicieuse ; quand dans son livre se trouvent quelques des-
criptions de toilettes, telles que celles que je viens de vous
lire, c'est parfait. Je veux aussi qu'on se marie à la fin, et
que tout le monde soit heureux. Je vais vous relire la description, n'est-ce pas ?

— Je vous assure que je ne saurais me prononcer.

— Je ne veux pas insister, mais je le regrette. J'aurais
voulu avoir votre sentiment ; car ces choses-là sont bien
plus affaire de sentiment que d'art. Ce n'est pas pour moi,
c'est pour Juliette.

— Ah ! c'est pour mademoiselle Juliette.

— Sans doute ; c'est toujours pour elle que je cherche
des modèles nouveaux qui aient de l'originalité. Que me
faut-il pour moi ? un rien. Sans doute je ne veux pas faire
peur ; mais, à mon âge, une étoffe simple coupée à la
mode, avec quelques dentelles, pour ne pas ressembler à
une ouvrière, et des rubans pour l'égayer : je n'en veux
pas plus. Mais pour Juliette, c'est différent. Jeune et belle
comme elle est, la toilette lui est indispensable.

— Elle n'y est pas très sensible, il me semble.

— Dites qu'elle y est absolument indifférente. Je ne
peux pas l'obliger à s'habiller ; elle dit qu'elle a autre
chose à faire. La première robe venue lui est bonne,
pourvu qu'elle soit simple ; si elle n'avait pas ses cheveux
qu'elle soigne, elle ne donnerait pas plus de temps qu'un
homme à sa toilette. Je lui fais des observations ; je lui
représente que la toilette est la grande affaire des femmes,
que c'est le moyen de plaire à un mari et de le retenir :
elle n'en fait qu'à sa tête. Il est vrai qu'elle ne me répond

pas, mais elle ne m'écoute pas. Et moi, pendant ce temps-là, je m'ingénie, je cherche, je me creuse la cervelle pour inventer quelque chose qui la décide. Croiriez-vous que je passe quelquefois une partie de la nuit devant cette table à travailler pour elle? Voilà notre rôle à nous autres mères. Au reste, je n'ai pas besoin de vous parler de cela; vous avez une mère qui vous permet de voir ce que font les autres. Seulement votre mère a des satisfactions que je n'ai pas: quand elle travaille pour vous, elle sait que vous l'en récompensez; tandis que moi je ne sais même pas si mon travail sera accueilli. Voilà pourquoi tout à l'heure je tenais tant à avoir votre avis. J'aurais dit à Juliette que vous trouviez cette robe délicieuse (car vous l'auriez trouvée délicieuse), et comme elle a confiance en votre goût, elle l'eût acceptée. Je la vois avec: le postillon surtout, combien je regrette que vous ne vous le figuriez pas: délicieux, mon cher enfant, délicieux.

Un étranger, en entendant madame Nélis parler ainsi, eût été ému peut-être par cette sollicitude maternelle; une mère qui s'occupe de sa fille, qui la veut belle, qui passe les nuits pour disposer ses toilettes, quoi de plus touchant? Mais Adolphe connaissait la véritable situation de cet intérieur; il savait que cette mère, qui rêvait « biais de velours rubis et gilet de satin », ne vivait que du travail de sa fille; que le payement du loyer était une affaire capitale, qui souvent empêchait Juliette de dormir quinze jours à l'avance; enfin, qu'on n'arrivait à manger tous les jours que par les miracles d'économie d'une vieille servante qui chaque matin allait de la rue de Dunkerque à la halle chercher les maigres provisions du ménage et épargner quelques sous sur leur achat. Aussi ne se laissait-il pas aller à l'attendrissement qu'un étranger eût pu ressentir. Son admiration n'était pas pour la mère, qui voulait des toilettes brillantes; mais pour la fille, qui les refusait et ne se laissait pas entraîner par la tentation du luxe et de l'éclat.

C'était une qualité de plus qu'il reconnaissait à Juliette. Quelle droiture d'esprit, quelle solidité de bon sens ne lui avait-il pas fallu pour résister aux leçons et aux exemples de sa mère ! Cela était d'autant plus remarquable que cette mère, lorsqu'on avait fait la part de ses travers, était la meilleure femme du monde, et que par sa bonté elle avait pris une grande influence sur le cœur de sa fille.

— Quand Juliette n'était qu'une petite fille, continua madame Nélis, cette négligence dans la toilette était tolérable ; mais maintenant elle est d'âge à penser à l'avenir, et cela devient sérieux. Sans être coquette, il est permis de plaire, n'est-ce pas ?

— Assurément.

— C'est ce que je dis tous les jours à ma fille : Ne fais rien pour attirer les prétendants ; mais quand ils se présentent, ne fais rien pour les repousser.

Adolphe avait jusqu'à ce moment subi cette conversation avec fatigue, répondant tout juste ce qu'il fallait pour n'être pas impoli ; ce mot le rendit attentif et jusqu'à un certain point inquiet. Des prétendants ? et pourquoi pas ? Pourquoi n'y aurait-il pas des gens voulant l'épouser ? Quels étaient-ils ?

L'absence de Juliette lui permettait de faire parler madame Nélis, et il ne devait pas être bien difficile de tirer d'elle la vérité.

— Pensez-vous donc à marier, mademoiselle Juliette ? dit-il.

— J'y ai toujours pensé : c'est mon devoir de mère, et je ne suis pas femme à manquer à mes devoirs. Le mariage n'est-il pas le but que doit poursuivre une jeune fille ? n'est-ce pas seulement par le mariage qu'elle peut assurer sa vie ?

— Mademoiselle Juliette n'est pas dans les mêmes conditions que toutes les jeunes filles, elle n'a pas besoin d'un mari pour assurer sa vie ou se faire une place dans le monde ; cette place, elle peut se la faire elle-même, belle et glorieuse, ce qui vaut mieux, il me semble, que de la devoir à un mari.

— Vous pensez bien que ce n'est pas moi qui vais rabaisser le talent de ma fille ; je connais ce talent mieux que personne, et je le vois grandir tous les jours. Comme vous dites très bien, il doit lui conquérir une place glorieuse. Et cela arrivera, j'en suis certaine, dans un délai prochain. Mais les femmes sont-elles faites pour la gloire, et, d'un autre côté, sont-elles faites pour travailler ? A ces deux questions, je pense que les gens sensés doivent répondre négativement. Pour la femme, il y a quelque chose au-dessus de la gloire : c'est la famille, c'est un intérieur, c'est le bonheur. Quant au travail, je trouve que c'est la tâche exclusive des hommes ; les femmes doivent plaire et briller. Voilà mes opinions, et comme je suis logique, je reproche à ma fille de trop travailler et de ne pas assez briller. Où le travail peut-il la conduire ?

— A être indépendante, maîtresse d'elle-même et de sa vie.

— Tout cela, c'est des mots ; le travail nous conduit tout simplement à la peine. Si, comme moi, vous voyiez ma pauvre fille, debout devant son chevalet pendant toute la journée, vous sauriez ce que c'est que le travail ; et si vous la voyiez, le soir, cherchant ses compositions, recommençant vingt fois la même chose, se donnant la fièvre, vous le sauriez encore mieux. On dit que les artistes sont des paresseux ; ce sont, au contraire, des galériens. Voilà pourquoi je serai heureuse quand je verrai ma fille renoncer au travail. Et puis, la question de la peine mise de côté, il y en a une autre : peindre pour son plaisir, pour offrir un tableau à ses amis ou à une vente de bienfaisance, c'est charmant ; mais faire des tableaux pour les vendre, cela a quelque chose qui humilie. Juliette a si bien conscience de cela, que nous ne parlons jamais de questions d'argent ensemble. De l'argent gagné par ma fille, c'est affreux.

Adolphe avait bien des choses à répondre, mais il ne lui convenait pas d'engager une discussion avec madame Nélis et il avait d'autres soucis en tête. Ces idées, qui pouvaient avoir une influence décisive sur Juliette, avaient-elles produit des résultats menaçants pour le moment ? c'était là ce qu'il voulait savoir. L'avenir, il y avait des moyens pour empêcher qu'il devînt ce que madame Nélis désirait ; mais avant de s'occuper de l'avenir, il fallait penser au présent.

— Et quel accueil mademoiselle Juliette fait-elle à vos projets ? dit-il.

— Elle les repousse : elle a une passion malheureuse pour la peinture, et, quand je lui parle de quelqu'un, ou elle ne me répond pas ou elle plaisante. C'est ce qui nous a fait manquer plusieurs mariages jusqu'à ce jour ; heureusement il s'en présente un maintenant qui, je l'espère, pourra se faire. C'est encore un secret ; mais vous êtes notre ami, et je sais que je peux m'ouvrir à vous sans craindre une indiscrétion. C'est un Portugais, un comte. Belle position, fortune immense, grand nom : tout se trouve réuni. De plus homme charmant ; quarante ans, il est vrai, mais ce n'est pas un âge ridicule ; et puis il est si jeune de cœur et d'esprit, qu'on ne pense pas à son âge quand on l'entend parler. Des manières délicieuses, une politesse exquise ; jamais je n'ai vu un homme si poli, et je sais ce que c'est que la politesse ; il est rempli d'égards pour moi, d'attention, de prévenances.

Adolphe avait voulu savoir, il savait maintenant, et il en restait ému, frémissant.

— Ce sera un mariage magnifique, continua madame Nélis, et plus beau même que nous n'aurions été en droit de l'espérer dans notre ancienne position. M. Nélis aurait voulu un homme dans les affaires, un financier, un industriel ; et c'est un homme de noblesse qui se présente, séduit non par la fortune de ma fille, mais par sa beauté. Voilà bien qui prouve qu'il ne faut jamais désespérer. J'ai toujours eu le bonheur de chercher le beau côté des choses, et quand une catastrophe m'a frappée, je ne me suis pas abandonnée : « C'est peut-être pour notre bien dans l'avenir », me disais-je ; et souvent l'avenir m'a donné raison, comme dans cette circonstance, par exemple. Il y a des personnes qui croient que je me laisse

bercer par des chimères, comme votre chère maman,
pour n'en citer qu'une ; je les laisse dire. Je sais très bien
que la Providence ne m'abandonnera pas et qu'elle me
donnera le bonheur, un jour ou l'autre, tôt ou tard. Ce jour
est arrivé; je m'en réjouis, je ne m'en étonne pas. J'aurais
attendu sans me plaindre.

— Ce mariage est décidé? dit-il d'une voix que l'émotion voilait.

— Pas du tout, il n'y a pas encore eu un mot positif
d'échangé ; mais c'est comme s'il était fait. Le comte est
fou de Juliette, et ma fille ne sera pas assez aveugle pour
le repousser.

A ce moment, un coup de sonnette retentit.

— C'est Juliette, dit madame Nélis, se levant pour aller
ouvrir.

XVI

Il s'était levé.

Juliette, en entrant, vint à lui, la main tendue.

— Il ne faut pas m'en vouloir, dit-elle en remarquant
l'expression de mécontentement qui assombrissait son visage; c'est un peu pour vous que je suis sortie.

— Pour que je ne vous trouve pas ?

Elle ne répondit pas, mais elle le regarda, et ce regard
suffit pour qu'il oubliât et l'absence de Juliette et ce que
madame Nélis venait de lui apprendre.

— Maman a dû vous raconter, dit-elle, que nous
sommes allées hier à Passy pour voir ce tableau de
Francis Airoles dont M. Godfroy parlait l'autre jour. C'est
vraiment admirable. Je n'ai rien vu dans la peinture con-
temporaine qui m'ait produit un tel effet; j'ai été éblouie,
fascinée, et si profondément émue, que des larmes de
bonheur m'ont empli les yeux; cette demi-heure passée
dans l'atelier de Roelz est la meilleure de ma vie.

Elle sentit qu'elle parlait avec enthousiasme, et l'enthousiasme est devenu si extraordinaire dans notre monde, qu'elle s'arrêta.

— Il est vraiment heureux que Francis Airoles ne se soit pas trouvé là, dit-elle en souriant ; je crois que je me serais mise à genoux devant lui et que je l'aurais adoré.

— Peux-tu dire de pareilles choses ! s'écria madame Nélis ; méchante enfant, tu n'auras donc jamais de retenue ?

— Pas même de tenue, maman.

— On n'adore à genoux que le bon Dieu, dit gravement madame Nélis qui prenait toujours les plaisanteries par le côté sérieux.

— Et ses saints, maman.

— Heureusement que vous ne connaissez pas M. Airoles et que vous ne l'avez jamais vu, dit Adolphe.

— Ce n'est pas M. Airoles que j'aurais adoré, répliqua-t-elle ; c'est le peintre des *Semailles d'Automne*. Enfin revenons au motif qui a déterminé mon voyage à Passy ce matin. Toute la nuit, bien entendu, j'ai rêvé du tableau. Alors une idée m'a passé par l'esprit : j'ai pensé à vous, me demandant pourquoi vous n'achèteriez pas ce tableau qui serait le chef-d'œuvre de votre collection ; seulement, avant de vous soumettre cette idée, il fallait savoir si le tableau était à vendre et quel prix on en voulait. Il est à vendre et on en demande six mille francs ; dans dix ans, il en vaudra soixante mille. Maintenant me pardonnerez-vous ? et franchement mon idée vous plaît-elle ?

— Je suis heureux que vous ayez pensé à moi ; demain je vous apporterai les six mille francs.

— Vous ferez bien au tableau l'honneur de le voir avant de l'acheter, n'est-ce pas ?

— Je m'en rapporte à vous : ce qui vous a plu ne peut que me plaire.

— C'est me marquer plus d'estime que je n'en mérite, et ce n'est pas témoigner au peintre l'admiration qui est due à son talent. Demain je ne puis aller au Louvre qu'à midi ; voulez-vous que nous allions à Passy le matin ?

La perspective d'une promenade « avec elle » fit oublier

à Adolphe les difficultés qui, pendant plusieurs jours, l'avaient empêché d'aller au Louvre, et il fut convenu que le lendemain matin, à dix heures, il viendrait avec une voiture prendre Juliette et madame Nélis.

— Je ne serai pas fâchée de revoir ce tableau, dit celle-ci, car j'avoue qu'au premier examen la vulgarité du sujet a nui à mon impression : un paysan qui sème du blé, cela est bien ordinaire ; si j'achetais des tableaux, je n'aimerais pas à avoir sans cesse devant les yeux ce grand diable de paysan, laid à faire peur, et qui a terriblement l'air d'un partageux.

— Ah ! mère ! s'écria Juliette.

— Je ne dis pas que cela n'est pas admirable, continua madame Nélis, sans se laisser troubler par cette protestation indignée ; je dis seulement que j'aimais mieux les tableaux que nous avions dans notre salon : les *Adieux de Boabdil à Grenade, Sarah la baigneuse.* Mais il en est de la peinture comme de la littérature ; on ne s'intéresse plus à Boabdil aujourd'hui. Qu'on me permette de le regretter, c'est tout ce que je demande.

Juliette s'était assise, et machinalement elle flattait le chat, qui faisait le gros dos et filait doucement. Madame Nélis avait repris les ciseaux et coupait des étoffes, s'arrêtant seulement de temps en temps pour se cacher la tête entre ses mains, comme si elle avait besoin d'échapper aux distractions et de tendre fortement son esprit sur des combinaisons difficiles.

La conversation était tombée, et l'on entendait seulement la soie qui criait sous les ciseaux de madame Nélis et les ronrons du chat. Il prit son courage.

— Vous voulez me montrer le tableau de M. Airoles, dit-il, et je suis certain que cela me fera grand plaisir ; mais j'aurais plaisir aussi à voir les vôtres : ne me le permettez-vous pas ?

— Volontiers ; si vous voulez passer dans mon atelier ?

— Excusez-moi si je ne vous accompagne pas, dit madame Nélis, mais je tiens en ce moment une coupe très

6

délicate, celle du postillon ; si je l'abandonnais, je ne la retrouverais pas. Tout à l'heure je vous rejoindrai.

Juliette entra la première dans l'atelier, et Adolphe, venant derrière elle, referma la porte. Le moment décisif était arrivé ; il avait demandé un entretien, il n'avait plus maintenant qu'à parler.

Cependant il ne parla pas, et, comme s'il avait été sincère en voulant voir les tableaux de Juliette, il se mit à regarder celui auquel elle travaillait en ce moment. C'était un atelier de couturière : autour d'une table couverte d'étoffes brillantes, des jeunes filles étaient rangées, les unes cousant les autres enfilant leur aiguille, celle-ci taillant, celle-là, les yeux levés, réfléchissant ou rêvant.

— Vous ne pouvez pas voir grand'chose, dit Juliette, car tout cela n'est guère avancé ; je veux donner à ces têtes une expression de tristesse et de fatigue qui touche le cœur. Mais il faut que toutes ces figures soient faites d'après nature et non de chic. Voilà pourquoi je copie le Richelieu en ce moment.

— En quoi donc le Richelieu peut-il vous servir pour ce tableau pris dans le vif de la vie ? dit-il en la regardant avec surprise.

— Tout simplement en me permettant de me donner les modèles que je dois me refuser en ce moment, dit-elle en souriant doucement.

— Hé quoi !

— Mon Dieu ! oui ; les modèles coûtent cher, et comme cette copie était bien payée je l'ai acceptée avec empressement ; je me hâte de la finir pour revenir à ces couturières. On ne fait pas ce qu'on veut ; les chemins les plus longs sont souvent ceux qui nous mènent le plus rapidement à notre but.

— Est-ce que vous n'avez pas été satisfaite de votre année ? dit-il en hésitant dans sa question.

— Aussi satisfaite que je pouvais l'espérer ; mais j'ai encore bien du chemin à parcourir et pas mal de temps à attendre probablement avant que les amateurs montent

mes cinq étages pour m'acheter mes tableaux. C'est déjà
bien joli que je puisse en vendre un de temps en temps
aux marchands, et vous savez que les marchands ne
payent pas cher, surtout les artistes qui comme moi n'ont
pas de nom.

— Il me semble cependant que vous avez fait depuis un
... des progrès bien sensibles, et que votre talent a grandi
d'une façon...

— D'une façon qui ne peut pas se mesurer, dit-elle en
riant.

— Je sais que je n'ai pas qualité pour vous juger, et je
n'ai pas cette sotte prétention de vouloir parler de ce que
je ne connais pas ; mais mon sentiment est qu'il y a dans
ce tableau une habileté de composition et une facilité
d'exécution qui marquent chez vous un progrès remarquable.

— Vous êtes trop indulgent.

— Je dis ce que je vois.

— Vous parlez en ami.

— En ami sincère, dévoué... qui a pour vous une affection profonde, croyez-le.

Il lui prit la main, qu'il garda dans les siennes.

Mais après un moment, elle se dégagea doucement, et
il se fit alors entre eux un silence qui, se prolongeant, devint pour Adolphe difficile et gênant.

Il se mit alors à marcher dans l'atelier, regardant les
études qui étaient accrochées contre la muraille.

Une gravure qui a eu son heure de popularité et qu'on
trouve encore en province avec les *Adieux de Fontaine-
bleau* et le *Retour de l'île d'Elbe*, a montré ce qu'était
l'intérieur d'un atelier de peintre ; on y voit un cheval
dans une stalle, des gens qui font des armes, des
boxeurs, le torse nu et les poings armés de gants, des
curieux qui fument ou qui font l'exercice avec des fusils,
tandis que le peintre, calme et tranquille au milieu de
ce brouhaha, travaille avec inspiration.

L'atelier de Juliette ne ressemblait en rien à ce tableau.
C'était une grande pièce au cinquième étage d'une mai-

son bourgeoise, et bien entendu on n'y voyait ni chevaux ni boxeurs. Cette pièce avait été accommodée par l'architecte sur le modèle qui sert couramment pour les ateliers : un grand châssis vitré au nord, des murs peints en vert-olive, et un poêle-calorifère dans un coin. C'était par l'ameublement seul que cet atelier différait de ce x qu'on rencontre partout. On y voyait en effet dans un angle un piano à queue, et tout auprès, à portée de la main, un casier plein de partitions et de cahiers de musique. Puis, dans l'angle opposé, on voyait encore une petite bibliothèque dont les rayons étaient garnis de livres. Or les livres se trouvent assez rarement chez les peintres, qui généralement lisent peu.

Plus le silence se prolongeait, plus il devenait pénible pour Adolphe : il fallait entreprendre cette explication désirée, il fallait parler.

Mais que dire, à moins de tout dire?

La position n'était plus celle qu'en venant à Paris il avait pris plaisir à imaginer au gré de son désir et de sa fantaisie.

D'un côté, sa mère avait clairement indiqué sa volonté de ne pas consentir à un mariage avec Juliette.

D'un autre, par ce qu'il avait vu au Louvre et par ce qu'il avait appris dans les confidences de madame Nélis, il sentait que Juliette pouvait lui échapper d'un moment à l'autre, sans qu'il eût le droit de se plaindre.

Si, pour sa mère, il devait attendre et tâcher de gagner du temps, ce qui lui permettrait peut-être de l'amener doucement à ce mariage ; pour Juliette il devait se décider franchement, et ne pas laisser au Portugais une place libre.

Il fallait donc qu'il se prononçât nettement, et cependant il hésitait, l'esprit troublé, le cœur serré.

C'est qu'en dehors des raisons puissantes qui le rendaient perplexe, il en avait une plus puissante encore qui paralysait sa langue.

En amour les hommes peuvent se diviser en deux grandes classes : — ceux qui joyeusement, gaillardement disent à toutes les femmes « je vous aime » ; — et ceux qui ne peuvent pas se décider à adresser ce mot, pourtant si facile et si doux, à celle qui tient leur vie entre ses mains. En eux, le regard, le sourire, l'attitude, le silence, tout crie « je t'adore » ; tout, excepté les lèvres, qui se refusent à articuler ce mot. La pudeur, la timidité, le respect, la crainte, l'excès même de la passion : tout se réunit pour arrêter ce mot dans leur gorge ; et plus ils aiment, plus ils sont pleins d'angoisses et d'effroi.

Adolphe appartenait à cette dernière classe des amoureux : brave des yeux, il était lâche des lèvres. Qu'allait-elle répondre ? Si elle le repoussait ? Ne valait-il pas mieux rester dans l'incertain, qui permet au moins l'espérance ?

La pendule marquait midi. Il se jura qu'au dernier coup des douze heures il parlerait. Le dernier coup s'éteignit en de faibles vibrations.

Alors, revenant vers Juliette :

— Je vous ai demandé un entretien, dit-il d'une voix frémissante.

— Je croyais que vous vouliez voir mes tableaux.

— Je voulais vous parler, je voulais vous dire que je vous aime et vous demander d'être ma femme.

XVII

Adolphe avait eu le courage désespéré des timides ; il s'était jeté au milieu du feu, pour ne plus pouvoir reculer. Maintenant, il était engagé de telle sorte qu'il lui fallait, bon gré mal gré, aller jusqu'au bout.

La violence de cette explosion déconcerta Juliette et la fit reculer de quelques pas vers la porte.

Il ne serait pas exact de dire qu'en venant dans son atelier, elle ne prévoyait rien et qu'elle croyait tout simplement à un désir de voir ses tableaux. Précisément parce qu'elle n'était pas la jeune fille idéale formée par la convention et rêvée par Adolphe, elle n'avait ni la naïveté ni l'aveuglement nécessaires pour vivre auprès d'un homme amoureux sans deviner son amour. Bien qu'Adolphe ne lui eût jamais dit un mot de cet amour, elle savait parfaitement que dans les sentiments qu'il éprouvait pour elle et qu'il lui témoignait de toutes les manières, excepté par la parole, — elle savait qu'il y avait autre chose que de l'amitié. Quelle était cette autre chose ? quel nom fallait-il lui donner ? C'était ce qu'elle ignorait, car il était assez difficile d'analyser ce qui se passait en lui. Aujourd'hui, tout dans sa personne parlait de tendresse et d'amour. Demain, au contraire, tout indiquait la froideur ou au moins une retenue invincible. Il semblait ne pouvoir vivre sans elle, et tout à coup il partait pour l'étranger sans rien dire, sans un mot d'adieu, sans un souvenir. Au milieu de ces contradictions, elle n'était point assez expérimentée pour démêler le fil qui déterminait ces actions en apparence incompréhensibles. Cependant, quand elle l'avait vu au Louvre lui demander un entretien, et quand, quelques minutes auparavant, il l'avait pour ainsi dire obligée à venir avec lui dans l'atelier, elle avait bien pressenti qu'il se passerait quelque chose, mais elle n'avait pas eu l'idée que ce pouvait être une déclaration brutale comme celle qu'elle venait d'entendre.

Un silence s'était fait, troublé seulement par le bruit des ciseaux qui sonnaient et criaient toujours dans la pièce voisine.

— Rejoignons ma mère, dit-elle en faisant encore quelques pas en arrière.

Mais il la prévint et, se plaçant vivement entre elle et la porte de manière à lui barrer le passage :

— Je vous en prie, dit-il, continuons sans témoin cet entretien commencé. Vous êtes bien certaine, n'est-ce pas, qu'il ne sortira pas de mes lèvres un seul mot que vous ne puissiez entendre ? Eh bien, restons seuls pour que je puisse parler en toute liberté, c'est-à-dire en toute sincérité.

Comme elle ne répondait pas, il s'avança vers elle ;

alors elle recula et, marchant ainsi, ils arrivèrent à l'autre bout de l'atelier.

— Je vous aime, dit-il d'une voix ferme et vibrante.

Elle leva la main pour lui imposer silence, mais il continua :

— Je vous aime, chère Juliette. Laissez-moi vous dire et vous redire ce mot que j'ai retenu si longtemps sur mes lèvres et qui m'est si doux à prononcer : Je vous aime !

Il parlait en la regardant, mais comme elle tenait ses yeux baissés sur le parquet, il ne pouvait lire en elle les sentiments que ces paroles éveillaient ; il voyait seulement que son visage avait pâli et que ses lèvres étaient agitées par des frémissements.

Il reprit :

— Maintenant que ce mot est prononcé, je dois vous dire comment mon amour est né, pourquoi je l'ai tenu caché si longtemps au fond de mon cœur, et pourquoi je parle en ce moment. C'est une confession complète, sincère que je vous demande d'écouter. Le voulez-vous ?

— Est-il donc nécessaire que je sois votre confesseur ?

— Il est nécessaire que vous sachiez la vérité, afin que tout à l'heure vous puissiez répondre à ma demande.

Elle leva les yeux sur lui et le regarda : il eut peur.

— Écoutez-moi, dit-il vivement, et ne me répondez que quand vous m'aurez entendu. Ce ne serait pas être sincère que de dire que je vous aime depuis le jour où nous nous sommes vus pour la première fois ; j'étais alors un grand garçon un peu bêta, et vous n'étiez qu'une petite fille. Je dois même avouer que vous ne me plaisiez guère.

— Il n'est pas besoin de me le dire, je m'en suis aperçue et je m'en souviens.

— Vous n'étiez pas assez garçon pour prendre part à mes amusements, et vous n'étiez pas assez jeune fille pour que je fisse attention à vous. D'ailleurs, avec vos grands yeux que vous attachiez quelquefois sur moi en souriant d'un air moqueur, vous me faisiez presque peur ; tout au

moins vous me mettiez mal à l'aise. Pendant assez longtemps je vécus donc auprès de vous sans vous aimer.

— Êtes-vous sincère en ne parlant que d'indifférence ?
N'éprouviez-vous pas autre chose pour moi, ne me hais-
siez-vous point ?

— Vous me gêniez souvent, et votre présence à Nogen
m'était désagréable. Au reste je ne fais aucune difficulté
à reconnaître ces sentiments et à les avouer : le chemin
parcouru pour arriver à l'amour que je ressens aujour-
d'hui est plus grand, voilà tout. C'est lentement que cet
amour s'est formé, goutte à goutte pour ainsi dire, surtout c'est à mon insu. Je fus longtemps à me rendre
compte des changements qui se faisaient en moi. Le plus
sensible fut le plaisir que j'éprouvais à être près de vous ;
au lieu d'avoir comme autrefois de bonnes raisons pour
fuir la maison, j'en avais maintenant d'excellentes pour
ne pas m'éloigner le dimanche, et, depuis le moment de
votre arrivée jusqu'à celui de votre départ, je vous sui-
vais comme votre ombre, marchant quand vous marchiez,
m'asseyant quand vous restiez avec ma mère. Je ne vous
parlais pas, vous-même bien souvent ne disiez rien, mais
je vous regardais, je respirais le même air que vous, et
j'étais heureux. Puisque je me suis engagé à tout dire,
il faut que j'ajoute encore que je ne savais pas que vous
étiez belle ; mais, à vous regarder ainsi, à vous contempler, le charme de votre beauté m'envahit et me pénétra.
Alors dans ma vie il n'y eut plus qu'un jour qui comptât,
le dimanche, le jour où je vous voyais ; il n'y avait plus
d'illusion à se faire, plus d'hypocrites raisonnements à
arranger, — je vous aimais. Je n'ose vous demander si
vous vous étiez aperçue de ce changement.

— Je me suis aperçue tout d'abord que vous n'étiez
pas mon ami, et vous cachiez si peu la répulsion que je
vous inspirais qu'il aurait fallu être aveugle pour ne pas
la voir. Plus tard, je me suis aperçue que vous changiez,
et j'ai cru que, me connaissant, vous me trouviez moins
désagréable ; et puis j'ai pensé aussi que vous vouliez
alléger le malheur qui nous frappait, et j'ai été touchée

de votre sympathie, surtout je l'ai été de la façon délicate dont vous nous la témoigniez. C'est à l'époque où
vous veniez nous chercher, tous les dimanches, pour
nous emmener à Nogent. Je ne sais pas si les autres
étaient dupes des prétextes que vous inventiez pour ne
pas laisser le cocher venir et pour le remplacer, mais je
ne l'étais pas, et je vous savais gré de vos mensonges.

— Chère Juliette !

Mais, comme si elle craignait d'en avoir trop dit, elle
reprit :

— Avec le cocher, on suivait tout bêtement la grand'-
route, dans une allure régulière qui devait faire honneur
à vos chevaux ; avec vous, on prenait les routes détour-
nées, on allait au pas, on s'arrêtait ; c'étaient nos seules
promenades à la campagne : je voyais de la verdure, des
arbres, des fleurs, de l'herbe ; on respirait l'odeur des
chênes et le parfum des acacias. Vous n'aviez pas pour
des chemins couverts, où les feuilles nous frôlaient la
tête, et où il fallait se baisser, quand il avait plu, pour ne
pas accrocher les branches qui nous inondaient.

— Vous souvenez-vous du bouquet de jonquilles que
nous avons cueilli derrière les Minimes ? madame Nélis
était restée en voiture et vous couriez comme une biche.
C'était vous qui trouviez toutes les jonquilles, car je ne
voyais rien autour de moi, ne vous quittant pas des yeux.

— Et ces grosses morilles blondes que je prenais pour
des éponges ?

— Vous souvenez-vous aussi... Mais ce n'est pas de ces
souvenirs que je veux vous parler. Si doux qu'ils me
soient à rappeler, il faut les taire ; ils nous entraîneraient
trop loin. Un autre, à ma place, vous eût sans doute
parlé de son amour ; mais je ne voulais le faire que lorsque je verrais dans vos yeux que vous m'aviez compris et
que vous m'encouragiez. J'ai vu de la sympathie, de
l'amitié, peut-être même quelquefois une certaine tendresse ; je n'ai jamais vu l'encouragement que j'attendais,
le coup d'œil, le signe qui devaient m'ouvrir les lèvres.
Pendant que j'attendais ce signe, un fait grave se pré-

senta : ma mère voulut m'envoyer en Angleterre. Bien que nous n'ayons pas eu alors une explication précise dans laquelle votre nom ait été prononcé, ma mère connaissait mon amour, et c'était parce qu'elle l'avait appris qu'elle voulait m'éloigner.

Arrivé à ce point, il s'arrêta. Ce qui lui restait à dire était délicat. Il devait parler de sa mère, et, s'adressant à Juliette, il était difficile d'expliquer que madame Daliphare ne voulait pas d'une belle-fille sans fortune. Ce qui augmentait encore son embarras, c'était le regard interrogateur qu'elle fixait en ce moment sur lui, comme si elle voulait lire dans les replis les plus cachés de sa conscience. Après quelques secondes, entraîné par les exigences de la situation, il continua :

— Vous connaissez ma mère ; vous savez toute l'importance qu'elle met aux questions d'argent. Malgré l'amitié qu'elle a pour vous et les mérites qu'elle vous reconnaît — et je vous assure que cette amitié est très grande, — il pouvait ne pas lui convenir de me voir aimer, c'est-à-dire épouser une jeune fille qui n'a pas de fortune.

— Dites sans le sou, c'est le mot juste en parlant de moi ; fortune est beaucoup trop ambitieux et trop noble.

— Elle ne s'est pas expliquée là-dessus ; je ne puis donc que vous indiquer les raisons qui, selon moi, la faisaient m'envoyer à l'étranger. Je pouvais ne pas me rendre à son désir et lui avouer la vérité, c'est-à-dire que je vous aimais et voulais devenir votre mari, si vous consentiez à m'accepter. J'ai balancé un moment, et, en fin de compte, je n'ai rien dit.

Il s'arrêta encore et s'essuya le visage : des gouttelettes perlaient sur son front, montrant toute la difficulté qu'il éprouvait à expliquer comme il le désirait ce qu'il y avait d'inexplicable dans sa conduite.

— Je comprends, reprit-il, qu'il puisse vous paraître étrange que, vous aimant, je sois parti sans résistance. Voici comment je me suis déterminé : Pour résister à la volonté de ma mère, il fallait lui donner les raisons de mon refus. C'est assurément ce que j'aurais fait, s'il y avait ou un mot d'amour d'échangé entre nous; mais ce mot n'avait jamais été prononcé. Je vous aimais, cela était certain; mais je ne savais pas moi-même quelle était la force et quelle était la grandeur de cet amour. Je n'avais pas éprouvé la solidité des liens qui m'attachaient à vous. Si ce que je ressentais pour vous était une passion profonde, une absence de deux ou trois mois ne l'affaiblirait pas; si au contraire ce n'étaient que des sentiments éphémères, cette absence me montrerait leur peu de solidité. Dans le premier cas, revenu à Paris, je m'expliquerais franchement avec ma mère et lui demanderais de faire céder ses préjugés devant mon bonheur. Dans le second cas, au contraire, je céderais moi-même à sa volonté; car il ne serait pas vraiment juste de blesser ma mère que je respecte autant que je l'adore, pour arracher de force un mariage qui ne me tiendrait pas au cœur.

Il avait parlé lentement, cherchant ses mots et corrigeant une phrase par l'autre. Il respira, et, s'exprimant dès lors facilement et rapidement:

— Cela vous surprend de m'entendre parler ainsi, et vous vous dites peut-être que je suis bien calme et bien raisonnable ou plutôt bien raisonneur dans mon amour. Sans doute, je ne suis pas un héros de théâtre, je le reconnais; mais je suis un honnête homme, qui ne veut ni tromper les autres ni se tromper lui-même. En face d'une situation difficile, j'ai voulu me tirer d'embarras par une expérience. Cette expérience est faite; elle a duré un an, et elle m'a prouvé que ce que j'éprouvais pour vous, c'était une passion profonde, la plus grande, la plus complète qui puisse s'emparer d'un homme, de son esprit, de son cœur, de son être tout entier. Pendant un an, loin de vous, je n'ai vécu que pour vous, par le souvenir et par l'espérance. Voilà pourquoi, revenu près de vous, je vous dis que je vous aime et vous demande si vous voulez m'accepter pour votre mari.

XVIII

Elle l'avait écouté, appuyée sur le coin du piano, et presque pendant tout le temps qu'il avait parlé, elle avait tenu les yeux sur une frise du parquet, les relevant seulement pour le regarder d'un coup d'œil rapide et profond au moment où il avait fait intervenir sa mère.

Lorsqu'il eut cessé de parler, elle ne changea pas de position, et il s'établit un silence, pour lui horriblement douloureux. Qu'allait-elle dire ? Elle tenait sa vie entre ses mains.

Enfin elle releva les yeux, et, durant quelques secondes, ils se regardèrent sans rien dire.

Ce fut lui qui le premier rompit le silence.

— La demande que je viens de vous adresser, dit-il, n'exige pas une réponse immédiate, et, si anxieux que je sois d'entendre cette réponse, je vous prie de ne me la faire qu'après que vous aurez eu le temps de réfléchir à mes paroles et de me juger. Si je vous ai dit mon amour, ce n'est pas pour vous obliger à un engagement formel envers moi, mais bien plutôt pour que vous ne soyez pas amenée à en prendre un d'un autre côté.

Elle secoua doucement la tête avec un sourire qui disait qu'elle n'était pas du tout disposée à cet engagement auquel il faisait allusion.

— Madame Nélis m'a parlé, dit-il, de certains projets.

Le sourire se changea en un rire ouvert et franc.

— Ah! oui, le Portugais, dit-elle. Et c'est cette histoire qu'on venait de vous raconter qui vous avait donné cet air mécontent avec lequel vous m'avez accueillie. Vous ne connaissez donc pas maman et vous ne savez pas comme elle prend facilement ses désirs pour des réalités?

— Cependant...

— Il est vrai que M. le comte de Seixas est venu plusieurs fois ici ; il m'a acheté une petite toile. Il a été d'une politesse d'opéra-comique avec maman ; avec moi, il épuise tout son répertoire de compliments. Mais de là à vouloir m'épouser et surtout à ce que je l'accepte pour mon mari, il y a une certaine distance que l'imagination seule de maman pouvait franchir. La vapeur, l'électricité, sont des forces enfantines comparées à l'imagination de maman ; si vous voulez la suivre dans ses rêves, vous ne tarderez pas à être épuisé.

— Je n'ai parlé que d'après ce qu'elle m'a raconté.

— Mettez-vous bien dans la tête que maman se figure qu'elle a pour fille une personne incomparable, qu'on ne peut pas voir sans aimer ; et encore aimer est-il bien faible, c'est adorer qu'il faut dire. Cette personne a toutes les séductions réunies en elle, la beauté, l'esprit, le cœur, le talent, etc., etc., comme disent les notaires. Tous ceux qui l'approchent, subjugués, affolés ; des amants qui aspirent à devenir des maris. Maman attend pour moi un prince Charmant, un héros de féerie qui arrivera couvert de diamants et qui me ravira dans une apothéose. Ces choses-là se voyaient du temps de Cendrillon, et, s'il y a encore des Cendrillon, il n'y a plus de prince Charmant. Il y a vous, il est vrai ; vous êtes couvert de diamants et vous êtes charmant, mais vous n'êtes pas prince.

Il la regarda tristement.

— Cela vous fâche de m'entendre parler ainsi, mais vous savez bien que je ne suis jamais plus sérieuse que quand je parais plaisanter. Soyez certain que je parle sérieusement ; si l'air est léger, les paroles sont graves. De tous ces prétendants rêvés par maman, savez-vous combien il s'en est présenté ? Je veux vous le dire pour vous rassurer. Parmi les artistes, j'en ai trouvé trois ou quatre qui auraient bien voulu de moi pour femme : ils étaient vieux et fatigués, ou bien jeunes et sans talent, et ils calculaient que, sous leur direction, je serais d'un bon produit pour le ménage ; de sorte que l'affaire étant avantageuse pour eux, ils ont bien voulu me la proposer. Parmi les gens du monde, il s'en est rencontré aussi à qui la forme de mon nez a plu, et qui ont pensé qu'avec

7

une rivière de diamants je leur ferais honneur dans une avant-scène; mais ceux-là ne parlaient pas de m'épouser. A quoi bon le mariage entre honnêtes gens qui se comprennent à demi-mot? J'oubliais de bons vieillards qui ont eu la générosité de m'offrir leur expérience pour m'aider à faire mon chemin dans la vie; ce qu'ils demandaient en échange était si peu de chose que je serais une sotte de ne pas accepter avec reconnaissance. Vous seul, mon ami, au milieu de cette troupe d'adorateurs, m'avez parlé noblement; jeune, riche, aimant, vous n'avez pas craint de demander à une fille qui n'a rien de devenir votre femme. Je vous en remercie; vous ne savez pas quel bonheur vous m'avez donné. En vous écoutant, je me disais : Il s'en trouve donc un enfin qui parle avec son cœur, et le bonheur veut que ce soit celui-là même que j'aurais choisi entre tous, le camarade de ma jeunesse, mon ami.

— Ah! chère Juliette, s'écria-t-il en se mettant à genoux devant elle.

Mais elle le releva vivement.

— Je vous en prie, dit-elle, ne donnez pas à mes paroles un sens qu'elles n'ont pas et ne les interprétez pas au gré de vos désirs; écoutez-moi jusqu'au bout avant de vous réjouir ou de vous attrister.

Puis, lui souriant doucement :

— Mettez-vous là, en face de moi, sur cette chaise, et causons. Tout à l'heure, en me parlant, vous étiez maître de vous, vous ne disiez que ce que vous vous vouliez dire : qu'il en soit de même maintenant en m'écoutant. J'ai toujours vu qu'au théâtre les scènes d'amour se jouaient avec des grands mouvements de bras, des mains passées dans les cheveux, des cris, des larmes; mais nous ne jouons pas la comédie, nous sommes dans la réalité de la vie; notre avenir dépend de nous, tâchons de ne pas le compromettre. Est-ce dit ?

Elle lui tendit la main. Il voulut la garder dans les siennes, mais elle la dégagea de manière à lui faire sentir qu'il ne devait pas essayer de la retenir.

— Vous savez, dit-elle, comment, à la mort de mon père, nous avons été ruinés. Heureusement il s'est trouvé dans sa succession ce qui était nécessaire pour payer ce qu'il devait : l'honneur était sauvé. Seulement ma mère et moi nous restions sans rien, littéralement sans un sou, ne conservant que quelques meubles, ce piano entre autres et ces livres. Il fallait vivre. Ma mère n'avait pas été habituée au travail, elle ne pouvait rien. Moi, par bonheur, je pouvais quelque chose ; mon père, comme s'il prévoyait l'avenir, avait voulu me faire donner une éducation solide. J'avais passé mes examens ; j'étais assez bonne musicienne ; enfin j'avais en peinture un petit talent d'amateur. On me trouva des dessins à faire pour la bijouterie. Je gagnais assez pour nous faire vivre ; on pesait le pain à chaque repas, il est vrai, mais enfin on vivait. Au lieu de m'en tenir aux dessins pour l'industrie, j'étudiai la peinture, je travaillai sérieusement, non pas dans l'espérance de devenir une artiste de talent, je n'avais pas alors une ambition si haute ; mais pour mieux faire demain ce que j'avais fait à peu près hier, et à force de travail j'arrivai à franchir le pas difficile et haut qui sépare l'artiste de l'amateur. Alors l'ambition que je n'avais pas eue tout d'abord me vint : je rêvai d'avoir du talent, d'être quelqu'un, de me conquérir un nom. Ne riez pas.

— Je ne ris pas, je vous admire.

— Beaucoup de jeunes filles mettent leur idéal dans un beau mariage ; moi, j'ai mis le mien dans la peinture. Je sais que cela contrarie ma mère, qui croit que les artistes doivent un jour mourir de faim, mais c'est là une idée dont j'espère la faire revenir par l'expérience. Cela commence déjà ; elle n'est point encore morte de faim ; on ne pèse plus le pain depuis longtemps ; et il y a des jours où son amour-propre maternel est agréablement chatouillé. A son grand étonnement, elle a vu des peintres qui gagnaient cent mille francs par an à mettre du bleu et du vert sur une toile blanche ; elle ne tardera pas longtemps maintenant à dire que Rosa Bonheur, com-

parée à moi, est un bien petit talent. Dans ces conditions,
vous devez donc comprendre que je suis peu disposée au
mariage, qui serait pour moi la mort de la peinture et
l'anéantissement de mes espérances. Franchement je n'ai
pas travaillé douze heures par jour pendant six ans pour
en arriver là ; je n'ai pas bâti des châteaux en Espagne
pour les démolir de ma propre main, de gaieté de cœur
et sans raison.

— Sans raison ? Pouvez-vous parler ainsi ?

— Vous m'avez demandé de parler avec sincérité ; je
vous prie de ne pas vous fâcher de ce que je peux dire :
la vérité, la vérité pure, dans les circonstances présentes,
doit passer avant les convenances et les ménagements.
Ce que j'ai voulu dire par le mot « sans raison », c'est
qu'un grand amour, une passion irrésistible pourraient
seuls me contraindre à renoncer à la peinture. Eh bien !
cet amour... je ne le ressens pas.

— Ah ! vous êtes cruelle.

— Pour vous, j'ai une grande amitié, une estime véritable ; je vous ai vu bon, généreux ; vous aimez votre
mère avec une tendresse qui montre à tous quels trésors
il y a dans votre cœur, et je crois que si j'avais dû ressentir de l'amour pour quelqu'un, c'eût été pour vous.
Mais les sentiments que j'éprouve pour vous ne ressem-
blent en rien à l'amour.

— Et savez-vous ce que c'est que l'amour ?

— Sans doute j'expliquerais mal ce que ce mot représente pour moi, et un entretien sur cette question n'est
pas possible entre nous d'ailleurs. Cependant il faut bien
que je vous dise que l'amitié très vive et très profonde
que j'éprouve pour vous ne va pas jusqu'à l'anéantissement de volonté, jusqu'à la domination, jusqu'à la possession qui doit se trouver dans l'amour ; et vous le
voyez bien vous-même, puisque je vous résiste. Est-ce
que si je vous aimais... d'amour, je pourrais vous parler
avec ce calme en déduisant mes raisonnements ? est-ce
que je ne serais pas tombée dans vos bras ? un regard
n'eût-il pas été ma seule réponse ? Contre l'amour tel que

je le comprends, on ne lutte pas, car on est heureuse de succomber.

Il se cacha la tête entre ses mains.

— Je vous peine, dit-elle en continuant, et je souffre moi-même de la douleur que je vous impose, cependant il faut bien que j'aille jusqu'au bout. Une raison encore, et bien puissante celle-là, s'oppose à ce mariage que vous désirez : votre mère. En m'adressant votre demande, m'apportez-vous l'approbation, le consentement de madame Daliphare ? Non, n'est-ce pas ! Au moins croyez-vous que votre mère, qui a une fortune considérable, vous permettrait d'épouser une fille qui n'a rien ? Rappelez-vous votre depart pour l'Angleterre. D'un autre côté, croyez-vous, la question d'argent résolue, qu'elle vous verrait avec plaisir épouser une artiste ? Comment m'admettrait-elle dans son intérieur ? Moi-même, comment accepterais-je une vie bourgeoise ? Enfin vous, comment pourriez-vous vous partager entre votre mère voyant noir et votre femme voyant blanc ? Du côté de laquelle vous rangeriez-vous ? Cette vie à trois serait-elle le bonheur pour votre mère, pour vous, pour moi ? Vous voyez bien que ce mariage n'est pas possible, que ce rêve que vous avez fait n'est pas réalisable ; mais, quoi qu'il arrive, mon amitié se trouvera singulièrement accrue de ce que vous avez bien voulu me le proposer : je suis fière que vous m'ayez jugée digne d'être yotre femme et la fille de votre mère.

Elle lui tendit la main, et cette fois elle la laissa dans les siennes tout le temps qu'il voulut la garder.

Pendant plusieurs minutes ils restèrent ainsi les mains dans les mains, les yeux dans les yeux.

Enfin il reprit la parole :

— Ce que vous venez de me répondre, dit-il, m'a désolé ; mais, si grande que soit ma déception et si vive que soit ma douleur, je ne suis point découragé. Maintenant j'ai une dernière demande à vous faire, et par ce que vous venez de me dire je suis certain d'avance que vous ne me la refuserez pas : promettez-moi de n'écouter aucune proposition et de ne devenir la femme de personne si vous ne voulez pas être la mienne.

— Ah! cela je vous le jure bien volontiers.

— Alors rien n'est perdu.

— Que voulez-vous? qu'espérez-vous?

— Vous conquérir, et, pour vous obtenir, vaincre ma mère, vaincre la peinture, vous vaincre vous-même.

— Oh! cela... dit-elle avec un sourire de doute.

— Vous ne savez pas ce qu'on peut quand on aime! et je vous aime, Juliette, je vous adore!

XIX

Adolphe avait bien lancé son air de bravoure, mieux même qu'il n'appartenait à son caractère réfléchi. Entraîné par la situation, il n'avait vu dans le présent que Juliette, et dans l'avenir il n'avait pensé qu'à son amour.

— Des obstacles se dressent entre nous; je les briserai. Des volontés s'opposent à notre réunion; je les dompterai. Nous serons l'un à l'autre, malgré tout, malgré tous.

Dans de semblables conditions, ces mots-là se pressent sur les lèvres, jaillissant du cœur avec une force irrésistible. On a toutes les puissances, toutes les audaces; on escaladerait le ciel.

Malheureusement, lorsqu'on n'est plus porté par l'élan de l'enthousiasme, la réflexion parle, et sa voix, faible d'abord, devient bien vite de plus en plus formidable : quoi qu'on fasse, quoi qu'on veuille, il faut lui prêter l'oreille et l'écouter.

Ce fut ce qui se produisit pour Adolphe : il n'était pas dans la rue que déjà il cherchait les moyens d'assurer sa victoire.

Il ne regrettait pas l'engagement qu'il venait de prendre, mais il se demandait comment il triompherait des difficultés qui se dressaient devant lui, plus hautes et plus escarpées depuis qu'il était retombé dans la réalité. Comment obligerait-il Juliette à renoncer à la peinture? comment amènerait-il sa mère à consentir à leur mariage?

Pour Juliette, il n'avait qu'à se faire aimer d'elle, et assurément, le jour où l'amour lui apporterait son appui, la peinture serait vaincue. Sans doute il avait du chemin à parcourir avant d'en arriver là, mais il ne se sentait nullement découragé. Juliette avait pour lui de l'amitié, de l'estime, même de la tendresse, et la façon dont elle avait parlé laissait place à l'espérance. Ses paroles n'étaient pas celles d'une femme qui s'est arrêtée à une résolution dont rien ne la fera départir. Son cœur était sensible, il se laisserait toucher, et, touché, il se laisserait entraîner par des sentiments qui seraient devenus les siens.

Mais sa mère!

Comment lui annoncer qu'il voulait Juliette pour femme? comment lui faire accepter cette idée? comment combattre ses préventions? comment enlever son consentement?

Pendant que revenant à Nogent il se posait ces questions et les agitait dans son esprit inquiet, un fait presque puéril en lui-même vint lui montrer d'une façon palpable combien elles seraient délicates à résoudre.

Il avait annoncé à sa mère qu'il allait faire une promenade à travers champs. Abaissant par hasard ses yeux sur ses bottines, il les vit propres et luisantes comme elles étaient lorsqu'il avait quitté Nogent. Or, par cette journée de poussière, après une absence de plus de cinq heures et une promenade dans les chemins de la campagne, à travers les prairies et les bois, il ne pouvait pas rentrer avec les chaussures d'un homme qui a été simplement à Paris en chemin de fer et en voiture. Il lui fallait de la boue, ou bien sa mère, qui examinait tout, devinerait parfaitement où et comment il avait employé le temps de cette absence.

Au lieu de descendre à la station de Nogent, il continua jusqu'à Joinville, et il s'en revint à pied, non par les chemins bien balayés du bois, mais par la grande route pavée que suivent les voitures.

Alors, marchant au milieu de la chaussée, comme un ivrogne qui craint les fossés, enfonçant jusqu'à la cheville dans la poussière, qu'il faisait tourbillonner, il se prit à rougir de lui-même.

Eh quoi! c'est ainsi qu'il était résolu? Il allait s'engager dans une lutte sérieuse, et au moment de la commencer il employait les petits moyens, les petites roueries d'un écolier en faute!

Ce qu'il avait prévu se réalisa : en le voyant rentrer, sa mère l'examina de la tête aux pieds, et le premier coup d'œil dont elle l'enveloppa lui dit clairement qu'elle n'avait pas cru à cette longue promenade. Mais cet examen rapide la rassura, et l'épaisse couche de poussière qui couvrait les bottines et le pantalon fut un témoin qui arriva à propos pour lever ses doutes.

— Dans quel état tu es! dit-elle. Tu as été loin?

— Il y a de la poussière dans les chemins, répliqua-t-il sans répondre directement.

— Tu as fait une longue promenade, tu as toujours marché.

— Je n'ai plus mal à la tête, je te remercie.

— Va changer de vêtement, et reste dans ta chambre jusqu'à l'heure du dîner; si tu as besoin de te reposer, ne te gêne pas pour moi. D'ailleurs j'ai des comptes d'ouvriers et d'entrepreneurs à examiner, cela ne t'amuserait pas.

Adolphe savait ce qu'étaient ces comptes d'entrepreneurs. Désireuse d'avoir son fils toujours près d'elle, madame Daliphare craignait cependant qu'il ne s'ennuyât; alors, pour lui laisser toute liberté, elle avait ce prétexte des comptes. Elle s'enfermait dans sa chambre, et, comme l'examen de ces comptes ne pouvait pas toujours durer, bien souvent, au lieu de repasser des additions, elle se mettait derrière un rideau et elle restait là à regarder son fils se promener dans le jardin. Elle le voyait, et elle avait la conscience tranquille : elle ne le gênait pas.

Il monta à sa chambre, satisfait du succès de sa ruse, mais en même temps humilié et fâché qu'elle eût si bien réussi. Ce n'était pas en évitant toujours que le nom de

Juliette fût prononcé qu'il arriverait à habituer sa mère
à l'idée de leur mariage.

D'ailleurs il eût été bien aise de trouver une occasion
de parler des Nélis. N'avait-il pas à annoncer à sa mère
sa visite du lendemain à Passy, et ne lui fallait-il pas
six mille francs?

Pendant le dîner, il chercha à faire naître cette occasion; mais comme sa mère ne se prêtait pas à son désir,
soit parce qu'elle ne comprenait pas ses invites, soit au
contraire parce que, les comprenant trop bien, elle ne
voulait pas lui permettre d'arriver à parler des Nélis, il
fut obligé d'aborder franchement la question.

— A propos, dit-il, je serai obligé de te laisser seule
au bureau demain dans la matinée.

— Très bien !

— Je vais à Passy, voir un tableau qu'on dit admirable.
C'est l'œuvre d'un jeune peintre nommé Francis Airoles.
Ce n'est pas précisément un début; mais comme Airoles
n'a pas encore un nom marchand, on ne demande que six
mille francs de ce tableau, qui dans quelques années
vaudra soixante mille francs.

— Qui donc t'a parlé de ce tableau et te l'a ainsi vanté?

— C'est Juliette Nélis. L'autre jour, au Louvre, il en a
été beaucoup question.

— Tu ne m'en avais rien dit.

Quand Adolphe se trouvait pris par une question
directe à laquelle il ne pouvait répondre que par un men-
songe, son habitude était de ne pas répondre du tout et
de passer brusquement à un autre sujet.

—Le tableau est exposé dans un atelier particulier,
dit-il, et Juliette a bien voulu me promettre de m'accompagner : j'irai la prendre demain avec sa mère.

— Encore Juliette, interrompit madame Daliphare. Je
ne veux pas te tourmenter par mes observations et mes
remontrances; mais, je t'en prie, souviens-toi de ce qui a
été dit en deux circonstances décisives : au moment de ton
départ pour l'Angleterre et à ton retour. Ne m'oblige pas
à te le rappeler.

— Mais, maman...

— Je t'en prie, ne parlons pas de ce sujet. Tu dis que ce tableau vaut six mille francs ; s'il te plaît et si le prix est avantageux, tu peux l'acheter. Je t'offre ces six mille francs. Mon intention est de mettre à ta disposition une subvention annuelle de dix mille francs, afin que tu puisses contenter ton goût pour les tableaux ; tu prendras ces six mille francs sur les dix mille.

— Tu es vraiment trop généreuse.

— Je veux te faire plaisir. Je sais bien que maintenant que tu es mon associé, tu gagneras assez pour te payer tes fantaisies ; mais l'argent gagné ne doit pas se dépenser, il doit s'amasser. C'est une habitude qu'il est bon que tu prennes dès le commencement ; sans cela on va trop vite et trop loin. J'agis en bonne mère de famille. Et puis enfin, où serait mon bonheur, si tu n'avais plus besoin de moi ?

Le lendemain, à l'heure dite, il sonna la porte de l'atelier de la rue de Dunkerque. Juliette était prête ; madame Nélis n'avait plus qu'une fleur à poser sur son chapeau, un bouton à recoudre à ses manchettes et un point à faire à ses gants. Elle avait aussi égaré *Hermance*, mais on fut assez heureux pour retrouver le volume sous un monceau d'étoffes.

On partit enfin. Adolphe s'était placé dans la voiture de manière à se trouver vis-à-vis de Juliette, et, pendant tout le temps que dura le trajet, il ne la quitta pas des yeux. Il n'avait plus à voiler son regard. Il avait parlé. Il pouvait la contempler à son aise, et de ses yeux brûlants il répétait les paroles de la veille.

On arriva, et Adolphe, qui ne demandait qu'à partager les idées, les goûts de Juliette, trouva le tableau admirable, digne en tous points de l'éloge qu'il en avait entendu faire. Ce n'est pas six mille francs qu'il l'eût payé pour se donner le plaisir de sanctionner le jugement de Juliette, mais vingt mille, mais cent mille. Lui qui cependant n'était pas prodigue par nature, et qui par éducation avait été habitué à compter, il avait perdu le sens du calcul et le sentiment de la valeur de l'argent.

Cependant il éprouva bientôt un mouvement de dépit et de chagrin. L'admiration que manifestait Juliette le blessa dans sa jalousie, jamais elle n'avait eu pour lui les yeux qu'elle avait pour ce tableau. Comme il eût voulu être le peintre qui avait peint cette toile et qui allumait cet enthousiasme! Combien facile alors il lui serait de se faire aimer!

Mais il se hâta de reprendre les avantages que sa position lui donnait, et, tirant de sa poche une liasse de billets de banque qu'il posa sur la table du sculpteur :

— On demande six mille francs de ce tableau, dit-il; les voici.

Le sculpteur fut ébahi.

— J'aurais voulu garder encore le tableau de mon ami Airoles pendant une quinzaine de jours, dit-il, afin de le montrer à quelques amis, et puis il faut qu'il figure à l'exposition prochaine.

— Qu'à cela ne tienne. Gardez-le pendant un mois, et l'année prochaine je serai fier de l'envoyer moi-même à l'exposition.

Puis, laissant les billets où il les avait déposés, il offrit son bras à madame Nélis pour regagner leur voiture.

— Vous avez fait une belle sortie, dit Juliette en riant, et vous avez une façon de placer vos billets de banque vraiment distinguée, qui est d'un grand seigneur plutôt que d'un homme d'argent.

— Crois-tu que l'argent abaisse nos sentiments? dit madame Nélis. Il n'en donne pas, cela est vrai; mais quand on en a, il permet de les montrer.

L'heure du déjeuner avait sonné. Il voulut les faire entrer aux Champs-Élysées, chez Ledoyen. Madame Nélis se fit prier : elle n'était point en toilette pour se montrer dans un restaurant, elle n'était point en appétit. Enfin elle se laissa toucher.

Ce fut une fête pour lui. Comme Juliette cassait son pain d'une façon charmante! comme elle était gracieuse lorsqu'elle se renversait légèrement pour boire, le cou tendu ! les lèvres à demi ouvertes laissaient voir ses dents nacrées.

Mais comme elle ne subissait pas la même ivresse, elle n'oublia pas l'heure, et à midi elle demanda de retourner au Louvre.

— Et ma copie ? dit-elle.

Adolphe s'arrangea pour rester seul une seconde avec madame Nélis.

— J'ai à vous parler, dit-il, à vous parler sérieusement : voulez-vous me permettre de vous accompagner au Louvre ? Pendant que mademoiselle Juliette travaillera, nous pourrons nous isoler dans un coin.

XX

Adolphe était un esprit pratique, qui avait pour habitude de procéder en tout méthodiquement, faisant les choses en ordre, les unes après les autres.

Pour conquérir Juliette, il s'était tracé un plan, et la passion, qui trouble si facilement les têtes, ne l'empêchait pas de se conformer à ce plan et d'en poursuivre l'exécution régulière partout et toujours.

Ainsi il avait décidé que madame Nélis pourrait lui être d'un utile secours auprès de Juliette, et, trouvant une occasion de la disposer en sa faveur, il s'empressait d'en profiter.

Sans doute l'influence qu'elle exerçait sur sa fille n'était pas bien grande. Cependant, si faible qu'elle fût, cette influence existait : la goutte d'eau qui tombe sur la pierre finit par user celle-ci et la creuser. Par la répétition de paroles qui seraient toujours les mêmes, la mère finirait par peser sur l'esprit de la fille. D'un autre côté, devenue son alliée, elle ne plaiderait plus la cause du Portugais ou de tout autre prétendant dont elle pourrait s'engouer.

— Vous venez avec nous ? dit Juliette, lorsqu'en arrivant au Louvre elle le vit renvoyer la voiture.

— Est-ce que je vous dérange ?

— Pourquoi voulez-vous que votre compagnie me dérange ? Elle me fait plaisir, vous le savez bien, et, si vous voulez passer une heure tous les jours avec nous, vous serez le bienvenu.

— Et si j'en dérange d'autres ?

— Ne dites donc pas de ces niaiseries-là ; vous savez bien, que ces « autres » n'existent pas ni dans la réalité ni même dans votre imagination. Ne faites pas de ces taquineries inutiles.

— Cependant ce grand garçon qui l'autre jour s'amusait à vous faire des plis dans votre robe...

— Godefroy ! Mais c'est un camarade.

— De la camaraderie on passe à l'amitié, et de l'amitié on va vite à...

Elle lui posa doucement la main sur le bras. Ils traversaient en ce moment la galerie d'Apollon. Elle s'arrêta, et s'approchant avec lui d'une fenêtre, pendant que madame Nélis continuait à marcher devant :

— Si vous voulez être jaloux de ces familiarités sans conséquence, dit-elle d'un ton sérieux, renoncez à un amour qui vous ferait trop souffrir. Je ne suis point une petite fille qui baisse nécessairement les yeux quand on la regarde et qui rougit toutes les fois qu'on lui parle. J'ai pris l'habitude de certaines libertés que je ne saurais perdre, même pour vous être agréable, et je vous jure cependant que pour cela je ferais bien des choses. Si au contraire vous pouvez supporter en moi l'usage de ces libertés, venez nous voir ici ou dans mon atelier aussi souvent que vous voudrez, et vous vous convaincrez par vous-même que ces familiarités qui vous choquent sont parfaitement innocentes. Je serais heureuse que cette preuve fût faite d'une façon éclatante, car il y a en vous des préjugés qui vous causeront plus d'une déception douloureuse.

Il voulait répondre ; mais elle se remit en marche, lui

souriant doucement et corrigeant par son regard ce que
ses lèvres venaient de dire.

De même qu'il savait calculer, il savait aussi attendre,
et il ne cédait point aux impatiences de la fièvre. Ce fut
seulement quand Juliette fut bien installée à son travail
qu'il demanda à madame Nélis de faire avec lui un tour
dans la grande galerie.

— Volontiers, dit madame Nélis, d'un ton dégagé qui
avait des prétentions à la finesse et à la dissimulation ; je
serai même bien aise de passer avec vous devant les Rubens. Vous avez dû voir dans vos voyages des tableaux
de ce maître, qui vous permettent de bien juger ceux que
nous avons ici. Les voyages ! ah ! les voyages !

Puis, quand ils se furent éloignés de quelques pas :

— Je vous ai parlé des Rubens, dit-elle en riant, pour
avoir un prétexte à cette promenade avec vous, car je ne
quitte jamais Juliette. Comme vous pouvez avoir des raisons pour qu'elle ne connaisse pas notre entretien, j'ai
pris les devants avec cette explication. Maintenant, mon
cher enfant, je suis tout à vous et, si c'est d'un bon conseil que vous avez besoin, je serai heureuse de vous le
donner.

Elle dit cela simplement, mais cependant avec assu-
rance, comme une personne convaincue de la valeur de ce
qu'elle offre. Donner des conseils était en effet son fort.
C'était chez elle une fonction naturelle qu'elle accomplis-
sait avec une extrême facilité et avec une fertilité inépuisable. On pouvait même dire qu'elle produisait des conseils comme un pommier produit des pommes ; elle en
était chargée, et il ne fallait que tendre la main vers elle
pour qu'elle laissât tomber une récolte abondante. Des
conseils ! elle en avait donné à son mari depuis la veille
de leur mariage jusqu'au jour où il était mort et où elle
lui disait en pleurant de faire un bon testament, afin d'arranger leurs affaires. Malheureusement il ne les avait
écoutés ni pendant sa vie ni au moment de sa mort, de
sorte qu'il avait perdu sa fortune et qu'il n'avait point
arrangé ses affaires. Des conseils ! elle en avait donné,

elle en donnait chaque jour à sa fille, et même, suivant son expression, « elle ne faisait que cela ». Conseils pour sa toilette, conseils pour sa conduite, conseils pour sa peinture : non au point de vue du métier, bien entendu, elle n'entrait pas dans ces détails ; mais au point de vue du goût et du bon sens. Elle en donnait à ses amis, à ses connaissances : à madame Daliphare, sur la fonte des métaux ; aux médecins, en leur offrant quelques bonnes recettes ; aux notaires, en leur racontant quelque fait curieux ; à celui-ci, à celui-là, à tous ceux qu'elle connaissait ou qu'elle ne connaissait point.

— Ce n'est pas précisément un conseil que je veux vous demander, dit Adolphe, mais un concours.

— C'est presque la même chose, et, si je dois vous aider dans le chemin que vous voulez prendre, un bon conseil ne vous sera peut-être pas inutile. Enfin je vous écoute.

Adolphe choisit une banquette autour de laquelle il ne se trouvait personne en ce moment ; puis, après avoir fait asseoir madame Nélis et s'être placé près d'elle, il commença :

— C'est de mademoiselle Juliette que je veux vous parler, de Juliette, si vous me permettez de m'exprimer ainsi.

— Parfaitement ; cette familiarité de langage rappelle le temps de votre enfance. Doux souvenirs ! heureux âge !

— Je n'ai pas pu vivre auprès d'elle pendant plusieurs années sans être touché par le charme qui se dégage de toute sa personne, de sa beauté, de son esprit.

— N'est-ce pas qu'elle est irrésistible ? Ce n'est pas parce qu'elle est ma fille et qu'elle me ressemble, mais je ne peux pas faire autrement que de dire qu'elle est irrésistible. Si c'est de l'orgueil maternel, qu'on me le pardonne ; si l'on ne me pardonne pas, qu'on me condamne. Je parle de ma fille comme je parlerais d'une autre ; voilà la vérité.

— Je ne me suis pas d'abord rendu bien compte des

sentiments que ce charme produisait en moi, dit-il en
continuant ; j'ai cru que c'était seulement de l'amitié, mais
bientôt j'ai dû reconnaître que c'était de l'amour.

— Vous ? s'écria madame Nélis, vous amoureux de
Juliette, et je ne m'en suis pas doutée !... C'est impossible !

— Non seulement cela est possible, mais encore cela
est.

— Allons donc ! Toutes les fois que la beauté de ma
fille produit l'effet qu'elle doit produire, je m'en suis toujours aperçue la première ; ainsi, encore en ces derniers
temps, pour le comte de Seixas. Et vous, avec qui nous
avons vécu sur le pied de l'intimité, en contact journalier,
je ne vous aurais pas deviné ? Après tout, il est vrai que
ce que nous voyons le moins c'est ce qui est à nos pieds,
et, en y réfléchissant, je trouve que c'est vous que je devais découvrir le dernier.

— Enfin j'aime Juliette, et je viens vous la demander
pour femme.

— Ah ! mon Dieu ! s'écria madame Nélis, mon Dieu,
mon Dieu !

Il fut surpris de ces exclamations et de l'air désolé de
madame Nélis. Il avait cru qu'en lui adressant sa demande
elle se jetterait dans ses bras, et c'était pour empêcher
cette explosion en public qu'il avait procédé avec ces ménagements. N'apportait-il pas la fortune ? n'assurait-il
pas une riche position à Juliette ? Que Juliette répondît
froidement à sa demande, cela se comprenait et s'expliquait : elle consultait son cœur ; mais madame Nélis !

— Ma proposition vous fâche-t-elle ? dit-il.

— Ah ! mon cher enfant, comment pouvez-vous dire
cela ? Me fâcher, une proposition pareille, venant de vous
que j'aime comme un fils ! seulement elle me surprend.
Je vous ai entretenu de certains projets, et vous comprenez, votre proposition d'un côté, ces projets d'un
autre. Je ne suis pas la femme de l'imprévu, il faut que
mon esprit s'habitue à une idée, et je m'étais habituée à
la pensée que ma fille serait comtesse. Une couronne de

comte sur les panneaux de sa voiture ou bien sur son argenterie et sur son linge, cela fait bel effet. Et puis Juliette aurait été à la cour, où sa place est marquée. Nous aurions voyagé ; le comte a des mines de diamants au Brésil. C'était un beau mariage.

— Il me semble que ce n'est pas la misère que j'offre à Juliette.

— Sans doute la fortune de madame Daliphare est connue, on sait quelle est sa solidité ; mais le commerce, vous comprenez ! Une mère ne doit pas penser seulement aux avantages matériels et immédiats, mais encore à l'avenir. Mes petits-fils auraient été comtes : comtes de Seixas, n'est-ce pas que c'est un beau nom ? Je me figure qu'annoncé à pleine voix dans un salon, il doit produire de l'effet.

— Si vous avez pris des engagements...

— Des engagements pris, allons donc ! Des projets, voilà tout. Je ne m'engage pas ainsi. Assurément le comte de Seixas paraît être un honnête homme et un vrai grand seigneur ; mais enfin il faudrait, avant de s'engager, voir ce qu'il y a au fond de cette situation en apparence magnifique. Les apparences sont souvent trompeuses, et avec les étrangers on ne saurait s'entourer de trop de précautions. On a vu de ces étrangers qui éblouissaient Paris de leur luxe, et qui en réalité n'étaient que des aventuriers. Je ne dis pas cela pour M. de Seixas ; mais il n'en est pas moins vrai qu'entre vous et lui la comparaison est à votre avantage. Vous, on vous connaît, on sait qu'on ne sera pas trompé par de faux renseignements. Et cela se donne si légèrement les renseignements en fait de mariage ! Votre position de fortune est connue de tout le monde ; à la Banque, on me dirait ce que vous valez ; il n'y a pas besoin d'aller au Portugal ou au Brésil ; ces mines de diamants, ça n'est bien souvent que des mines de cailloux. Et puis la noblesse aujourd'hui, par ces temps de révolution, peut-on compter dessus ? quelles cours existeront encore dans dix ans ? Tandis que la fortune, quand on la tient bien, on la garde, et avec la fortune on a la position qu'on veut.

Adolphe suivait en souriant ces changements qui se faisaient dans l'esprit de madame Nélis. Il n'était pas difficile de prévoir à quelle conclusion elle allait arriver. Elle y arriva promptement.

— Enfin il a quarante ans M. de Seixas, et vous en avez vingt-cinq ; il est un peu jaune, à vrai dire, et ridé, tandis que vous êtes un beau garçon. Mon esprit s'habitue à votre proposition, qui en réalité est très honorable, et pour nous certainement avantageuse, très-avantageuse.

— Eh bien ! alors je vous demande d'être mon interprète auprès de Juliette et de faire pour moi ce que vous faisiez pour M. de Seixas.

— Soyez sans crainte, mon cher enfant ; ma fille respecte sa mère et elle écoute ma voix. Votre mariage est certain, et l'on peut dire que ce sera un très beau mariage, très-beau, très-beau.

— Maintenant j'ai encore une grâce à vous demander : c'est de ne pas parler tout de suite à ma mère de ma démarche auprès de vous.

— Et pourquoi donc?

Il restait embarrassé pour répondre, quand madame Nélis lui vint en aide.

— Ah ! oui ! je comprends, dit-elle ; nous sommes encore si près de cette catastrophe ! Dans sa douleur, elle pourrait être peinée de vous voir des idées de mariage. Respectons son deuil. Vous me direz quand je pourrai parler. Jusque-là muette. Vous verrez si je sais garder un secret. Ah ! mon cher enfant, mon cher fils, je ne m'attendais guère au bonheur que vous m'apportez. Vous, mon gendre. Je l'avais rêvé... autrefois.

XXI

C'était quelque chose pour Adolphe d'avoir mis madame Nélis dans ses intérêts ; mais le succès avait été si facile, et il était d'ailleurs si bien assuré d'avance, qu'il n'y avait pas là de quoi chanter victoire.

C'était un point obtenu, voilà tout ; il fallait passer au second, et celui-là était autrement sérieux, autrement inquiétant, puisqu'il s'agissait de madame Daliphare.

Mais le propre de ces caractères est de ne pas s'arrêter dans leur marche, pas plus après une défaite, pour se reposer, qu'après une victoire, pour se réjouir ; ils vont toujours leur chemin régulièrement, considérant que rien n'est fait tant qu'il leur reste quelque chose à faire. Ce qui leur coûte, ce n'est point l'effort de l'exécution, c'est celui de la résolution ; cette résolution prise, ils vont de l'avant, non par bonds, mais à pas comptés.

Ce qu'il avait à faire maintenant avant de demander à sa mère d'accepter Juliette pour belle-fille, c'était d'introduire celle-ci dans leur vie, sur le pied où elle était autrefois ; c'est-à-dire qu'il fallait trouver un moyen pour qu'elle vînt passer tous les dimanches à Nogent.

Il n'était pas l'homme des sentiers détournés, et lorsqu'il désirait une chose il avait pour habitude de la demander tout simplement.

Le jeudi, il adressa donc sa demande à sa mère.

— J'ai trouvé Juliette Nélis un peu fatiguée l'autre jour, dit-il ; elle travaille trop.

— A son âge, je ne connaissais pas la fatigue, et je t'assure que je travaillais aussi et peut-être plus que Juliette.

— Sans doute, seulement il y a travail et travail. Ainsi, lorsqu'on est enfermé toute la semaine dans le salon carré du Louvre, on doit avoir besoin de respirer l'air le dimanche. Ce n'est pas ce que fait Juliette, et le dimanche elle s'enferme dans son atelier, c'est là tout le changement qu'elle se permet. Elle est très courageuse et travailleuse jusqu'à se rendre malade. On dit que les artistes sont tous paresseux, je ne sais si cela est vrai, mais en tout cas elle fait exception à la règle. Pour elle, il en est du travail comme de l'ordre.

— Elle a assurément beaucoup de qualités et c'est heureux, car ce n'est pas sa pauvre mère qui par son travail et son ordre les aurait fait vivre.

— Toujours est-il que Juliette se fatigue trop. J'avais envie l'autre jour de l'inviter à venir dimanche à Nogent ; cela lui aurait fait du bien.

— L'as-tu invitée ?

— Non. Je n'ai pas voulu prendre cette liberté avant de t'avoir demandé si cela ne te contrarierait pas.

— Cela ne me contrarie pas de rendre service aux gens qui ont besoin de moi, et si tu veux inviter madame Nélis et Juliette pour dimanche, tu le peux.

— Je vais aller les voir ce soir.

— Il suffit que tu leur écrives, et même cela vaut mieux. Laisse-moi te dire qu'il serait mauvais de reprendre avec les Nélis les habitudes que nous avions autrefois : Juliette n'est plus une petite fille, et toi tu n'es plus un enfant. Il ne faut pas donner prise aux propos du monde.

— Qu'importe le monde ! il n'a pas à s'occuper de ce qui se passe chez nous.

— Ce qui n'empêche pas qu'il s'en occupe cependant. Il ne faut pas que tu compromettes la réputation de Juliette, et que tu l'empêches de faire un bon mariage, s'il s'en présente un pour elle.

— Je n'ai jamais rien fait pour la compromettre.

— Il ne s'agit pas de ce que tu fais ; il s'agit de ce qu'on dit. Crois-tu que j'aurais pensé à t'envoyer en Angleterre, si l'on ne m'avait pas parlé de toi et de Juliette ? Il se trouve toujours des gens pour vous rendre ce genre de service. D'un autre côté, je ne veux pas qu'on dise que j'attire Juliette afin de te garder à la maison, et que je ferme les yeux sur ce qui se passe chez moi, afin de t'empêcher de faire des folies au dehors, comme tant d'autres jeunes gens.

— Mais, encore un coup, il ne se passe rien qui puisse donner naissance à ces bruits infâmes. Si l'on disait que je te vole, m'enverrais-tu en Amérique pour faire taire cette calomnie ?

— Il n'y a pas de fumée sans feu. On ne dira jamais que tu me voles, parce que ce serait de la folie ; pourquoi me volerais-tu, puisque ce que j'ai est à toi ? Tandis que ce n'est pas de la folie de prétendre que Juliette te plaît, cela saute aux yeux. Peux-tu contredire ceux qui soutiennent que tu as du goût pour Juliette ?

Ainsi posée la question était assez embarrassante : s'il confessait franchement ses sentiments pour Juliette, cet aveu empêchait sa mère de recevoir les Nélis dans les conditions d'intimité étroite qu'il voulait ; d'un autre côté, s'il ne les confessait point, cela reculait infiniment l'heure où il pourrait demander le consentement formel de sa mère. Pourquoi celle-ci eût-elle consenti à un mariage qui n'était point exigé par un amour sérieux ? Il prit un moyen terme.

— Il est certain, dit-il, que, suivant ton expression, j'ai du goût pour Juliette. Comment en serait-il autrement ? Juliette est charmante, jeune, jolie, pleine d'esprit, et moi, je ne suis ni aveugle, ni sourd. Mais de ce que je rends justice à sa beauté et à ses qualités morales, il ne s'ensuit pas nécessairement que je la compromets.

— Quand un jeune homme reconnaît à une jeune fille toutes les qualités que tu attribues à Juliette, il arrive nécessairement que tôt ou tard il devient amoureux d'elle, et il ne faut pas que tu deviennes amoureux de Juliette.

— On ne devient pas amoureux par ordre, parce qu'il faut, ou parce qu'il ne faut pas.

— On devient amoureux bien souvent par hasard, par occasion, parce qu'on se rencontre facilement avec une femme. Voilà pourquoi je t'ai fait partir pour l'Angleterre il y a un an ; pourquoi je t'ai retenu en Hollande ;

enfin pourquoi je te dis qu'il est mauvais de reprendre avec les Nôlis nos habitudes d'autrefois. Je désirais alors, comme je désire maintenant, t'éviter ces fréquentes rencontres avec Juliette ; et puisque nous avons abordé ce sujet, dont j'aurais voulu ne pas parler, il faut que je te dise tout ce que j'ai à te dire là-dessus. Si tu es amoureux de Juliette, il ne peut arriver que deux choses : ou elle cède à ton amour et devient ta maîtresse, ou elle te résiste et tu l'épouses.

— Mais Juliette n'est point de celles dont on fait une maîtresse.

— Précisément. J'ai trop de confiance en elle pour supposer qu'elle puisse ainsi succomber ; je la crois une honnête jeune fille, coquette peut-être, aimant à plaire, et heureuse d'avoir près d'elle des soupirants, mais enfin honnête et tout à fait incapable de tomber dans une faute. D'un autre côté, je t'estime trop pour admettre que tu puisses avoir un moment la pensée de séduire une honnête fille, qui a été ton amie d'enfance.

— Je t'assure qu'il n'y a pas en moi l'étoffe nécessaire pour faire un séducteur.

— J'en suis certaine. Reste donc le mariage : si tu aimais Juliette, tu voudrais l'épouser.

— Il le faudrait bien. Je ne me laisserais pas mourir d'amour ; tu ne le voudrais pas, et bien certainement tu serais la première à me donner ce conseil : Juliette ferait une charmante belle-fille ; vois comme elle est bonne pour sa mère.

— Ne parlons pas de cela ; il ne faut pas que le goût que tu peux avoir pour Juliette devienne de l'amour : un pareil mariage ferait le malheur de ma vie.

— Pourquoi ? En quoi une femme qui a les qualités que tu reconnais à Juliette pourrait-elle te rendre malheureuse ? Il me semble, au contraire...

C'était après le dîner et dans le salon de madame Daliphare que cet entretien avait lieu ; la mère et le fils, assis en face l'un de l'autre, étaient séparés par une table. A ce mot, madame Daliphare se leva vivement, et s'approchant de son fils :

— Tu l'aimes donc ? s'écria-t-elle ; tu veux donc l'épouser ? Eh bien, avant de me répondre, sache que je ne consentirai pas à ce mariage. Si tu t'es flatté de l'idée que tu pourrais m'amener par d'habiles détours à accepter Juliette pour ta femme, tu t'es trompé ; il faut que cela soit bien entendu entre nous. Maintenant que tu es averti et que tu connais ma volonté, conduis-toi en conséquence.

Et s'éloignant brusquement, elle entra dans sa chambre.

Cette explosion de colère et cette sortie avaient été si violentes qu'il n'avait pas pu placer un mot ; il resta un moment interdit après le départ de sa mère. Les choses avaient pris une autre tournure que celle qu'il avait voulu leur donner. Maintenant, quel parti prendre ?

Sans doute il était à l'âge où il pouvait contraindre sa mère à donner son consentement au mariage qu'il lui plairait de faire, et ce fut la première idée qui se présenta à son esprit, sous l'impression de la révolte.

— Je ne suis plus un enfant, se dit-il, et personne ne peut m'empêcher d'épouser la femme que je veux.

Mais la réflexion le ramena bien vite à d'autres sentiments. Quand même il se déciderait à employer des moyens légaux pour obtenir le consentement de sa mère (et une pareille nécessité était de nature à l'effrayer), cela n'assurerait pas son mariage, car Juliette ne voudrait jamais devenir sa femme à ce prix. Elle aussi avait pris les devants et avait posé ses conditions.

Était-il donc enfermé dans un cercle fatal dont il ne pourrait jamais sortir ? D'un côté, Juliette lui signifiait qu'avant de répondre à sa demande il fallait qu'il fût certain du consentement de sa mère, et, d'un autre, sa mère, avant qu'il lui demandât ce consentement, lui signifiait qu'elle ne le donnerait jamais.

La situation était vraiment mauvaise, et, au premier abord, elle paraissait sans issue.

A ce moment, la porte de la chambre se rouvrit et sa mère s'avança vers lui, la main tendue :

— Pardonne-moi un coup de vivacité, dit-elle ; j'ai eu tort de me laisser emporter. Ce n'est pas ainsi qu'une mère doit parler à son fils, surtout à un fils tel que toi.

Il respira, et une douce émotion détendit ses nerfs crispés, mais ce fut pour un court instant.

— Je te dois les raisons de ma détermination, continua madame Daliphare ; ce qui me fait repousser Juliette, c'est qu'elle n'a pas de fortune.

— N'es-tu pas assez riche pour deux ?

— Précisément parce que j'ai acquis une certaine richesse, je suis tenue à des exigences que je n'aurais pas si j'étais pauvre : fortune épouse fortune, pauvreté épouse pauvreté, c'est la loi du monde, comme jeunesse épouse jeunesse, est la loi de nature. Cinq millions sont pour moi une fortune considérable ; pour toi il t'en faut dix. Ces dix millions te donneront une importance et une position dans la société que je veux que tu obtiennes, et que tu obtiendras. Je ne renoncerais pas à ce rêve de toute ma vie pour une femme mille fois plus belle encore que n'est Juliette. Veux-tu m'enlever cette espérance qui m'a donné la force et l'intelligence pour travailler depuis vingt ans ? Veux-tu que, prête à mettre la main sur le but que j'ai poursuivi, je le manque par ta faute ? Veux-tu m'enlever la récompense de mes soins et de ma tendresse ? Tu trouves peut-être qu'en m'opposant à un mariage avec Juliette je suis cruelle de contrarier ton désir, que je suis une mauvaise mère, une égoïste ; mais qu'est un désir de quelques mois, à côté d'une ambition de vingt années ? Ne serais-tu pas cruel, toi, ne serais-tu pas égoïste si par ton mariage tu brisais les joies et les espérances de ma vieillesse ? Que me resterait-il sur cette terre ? Je t'ai dit tout à l'heure que je ne consentirai · pas à ton mariage avec Juliette : j'ai eu tort, car si je te voyais décidé malgré tout à ce mariage, je ne te laisserais pas recourir à la loi pour m'arracher mon consentement. D'avance je te le donne. Seulement, d'avance aussi je te dis ce que tu peux pour moi ; ma vie est dans tes mains. Elle sera ce que tu voudras, heureuse ou malheureuse : l'avenir en décidera. Maintenant, laisse agir ton cœur, et va du côté où il te porte. Ton choix me dira qui tu préfères : la jeune fille que tu connais à peine, ou ta mère.

XXII

Madame Daliphare avait choisi un terrain avantageux pour elle en engageant la question comme elle l'avait posée.

Elle connaissait son fils, et elle savait très bien que son amour filial était fait surtout de deux sentiments : une tendresse profonde et une certaine crainte respectueuse.

La crainte, elle l'avait excitée en déclarant tout d'abord qu'elle ne consentirait pas à un mariage avec Julie' .e ; la tendresse, elle l'avait émue en posant ensuite une question de préférence entre l'amante et la mère.

Que ferait-il, emprisonné dans ces deux sentiments ?

Oserait-il se révolter contre la volonté qui lui avait été si formellement signifiée ?

Cela était peu probable ; cependant, à la rigueur, il était possible que poussé par la passion, il s'affranchît et recourût aux moyens que la loi offre à ceux qui ont dépassé l'âge de vingt-cinq ans. De lui-même il ne voudrait assurément pas employer des moyens de ce genre ; mais, sous l'influence de Juliette, il pouvait très bien cesser d'être ce qu'il avait été jusqu'alors. Quelle était cette influence ? jusqu'où s'étendait-elle ? C'était ce que madame Daliphare ne savait en aucune façon, et cela l'inquiétait. Juliette encouragerait-elle cet amour ? l'avait-elle fait naître ? le dirigeait-elle ? Autant de questions qu'elle ne pouvait résoudre.

Dans le doute, elle avait donc été obligée de ne pas s'en tenir à un ordre tout simple, et c'était pour cela qu'après être sortie du salon si brusquement, elle y était

8

rentrée après un moment de réflexion, et avait fait appel à ses sentiments de tendresse filiale, dont elle connaissait la puissance.

Si, contre toute prévision, il trouvait dans les excitations de Juliette la force nécessaire pour user de son droit et s'affranchir de la volonté qu'on lui imposait, il était peu à craindre qu'il en vînt jamais jusqu'à refuser le témoignage de tendresse qu'on lui demandait. Comment pourrait-il préférer à sa mère une femme qu'il ne connaissait que depuis quelques années ? Pour légitimer cette préférence, il faudrait des qualités extraordinaires qu'elle ne reconnaissait point à Juliette. Qu'avait-elle de plus que toutes les autres femmes ? Une autre serait aussi jolie qu'elle, et cette autre aurait l'auréole que donnent les millions.

Cependant, si bien combinées que fussent ces dispositions, elles ne parurent point encore suffisantes à madame Daliphare pour lui inspirer une complète sécurité. Elle ne savait guère ce que c'est que la passion ; mais, si elle n'en avait point l'expérience personnelle, elle en avait la peur instinctive. Elle se rappelait des histoires d'amour auxquelles elle n'avait pas attaché autrefois grande importance, mais qu'elle trouvait effroyables maintenant qu'elles pouvaient la toucher personnellement. Pourquoi Adolphe lui aussi ne se laisserait-il pas prendre par la folie de la passion ? Par plus d'un côté il ressemblait à son père, qui était faible et chimérique, et ne fallait-il pas qu'il fût lui-même bien peu raisonnable pour s'être amouraché de Juliette ? Est-ce qu'avant de devenir amoureux de la femme qu'il doit épouser un jour, l'homme sensé ne s'inquiète pas de savoir quelle est sa dot et quelles sont ses espérances ?

Décidée à ne point se contenter de la défense qu'elle avait signifiée à son fils, ni de l'appel qu'elle avait fait à sa reconnaissance en même temps qu'à sa tendresse, et voulant autre chose encore qui la rassurât complètement, elle se trouva assez embarrassée pour trouver cette autre chose. Alors, pour la première fois de sa vie, elle regretta

de no point avoir la science ou l'expérience de la passion.
Si encore elle avait su à qui demander conseil! mais à
qui s'adresser? Malade, on consulte un médecin ; pris
dans une mauvaise affaire, on consulte un avocat. Pourquoi n'y a-t-il pas des avocats et des médecins pour les
affaires et les maladies d'amour? ou plutôt pourquoi y a-t-
il en ce monde un sentiment qui s'appelle l'amour? à
quoi sert-il? L'ambition et l'argent ne sont-ils pas suffi-
sants pour nous passionner et nous rendre heureux ?

Si elle avait cru possible de séparer absolument Adolphe
et Juliette, elle eût recouru à ce moyen radical. Mais
une telle mesure n'était véritablement pas praticable, car
si elle avait la liberté d'inviter ou de ne pas inviter les
Nélis chez elle, à Nogent, elle ne pouvait pas empêcher
son fils d'aller chez Juliette ou de la rencontrer au Louvre
toutes les fois qu'ils voudraient se voir. Il n'était plus
un enfant qu'on ne laisse sortir qu'avec sa bonne, et elle
était sans autorité sur madame Nélis, qui devait désirer
ce mariage aussi vivement qu'elle-même le redoutait.

Empêchée de ce côté, elle se tourna d'un autre et fit
absolument le contraire de ce qu'elle aurait voulu : puisqu'elle ne pouvait pas l'empêcher de la voir, elle pensa
que les dangers de ces rencontres seraient en partie neu-
tralisés s'il ne la voyait pas seule comme autrefois, dans
une étroite intimité et dans une sorte de tête-à-tête.

Alors les dimanches, à Nogent, devinrent des jours de
fête, et elle invita tous ceux ou plus justement toutes
celles qui pouvaient reléguer Juliette au second plan.
Il suffisait qu'une femme fût jolie pour qu'elle voulût
l'avoir à sa table.

Si M. Daliphare avait pu revenir en ce monde, il n'aurait pas reconnu sa maison d'autrefois. Quelle n'eût pas
été sa stupéfaction en voyant dans la cuisine, devant les
fourneaux qui lançaient des étincelles, un chef vêtu de la
veste blanche traditionnelle ! il n'eût pas voulu croire
que cet artiste majestueux remplaçait la vieille Françoise,
dont on vantait autrefois le talent pour la matelote d'an-
guille, le rognon de veau rôti et le gâteau de riz : tous

plats fameux naguère, qu'on méprisait maintenant et
dont on laissait l'auteur dédaigné dans sa cuisine de
Paris. À table, il se serait cru le jouet d'un rêve quand
un domestique à cravate blanche et en habit noir, se penchant sur son épaule, lui aurait doucement murmuré à
l'oreille : « Sauterne ou madère ? » Du sauterne ou du
madère chez lui, quand pendant trente ans on n'avait bu
qu'un petit vin blanc qu'il faisait venir directement des
environs de Chablis, mais pas de Chablis même, parce
qu'il aurait fallu payer la réputation de ce vignoble !
Était-il chez lui, ou plutôt n'était-il pas chez un voisin
qui faisait des affaires à la Bourse, ne connaissait pas la
valeur de l'argent honnêtement gagné et ne pensait qu'à
jeter de la poudre d'or aux yeux de ses amis ? Assurément ce n'était pas sa femme qui faisait servir le cham-
pagne dans des coupes où il ne mousse pas, au lieu de le
verser dans d'étroits cornets où quelques gouttes tombées
de haut suffisent pour monter jusqu'aux bords.

Les pignons ramiers eux-mêmes, qui de temps immé-
morial perchaient dans les vieux marronniers du jardin,
se demandaient ce qui se passait d'extraordinaire. Que
signifiait ce tapage dans la nuit du dimanche au lundi ?
Autrefois ils pouvaient tolérer quelques paroles qui venaient troubler leur sommeil ; mais maintenant ce n'é-
taient pas seulement des paroles ; c'étaient des bruits de
toutes sortes, avec des mouvements de lumière qui les
tenaient éveillés et effrayés jusqu'à une heure du matin.
Comment se lèveraient-ils avec le soleil pour aller çà et
là ramasser la pâtée de leurs petits, si on ne leur permettait pas de dormir le soir ? Seraient-ils donc obligés
d'abandonner ce jardin honnête naguère, qu'ils avaient
choisi pour sa tranquillité, de préférence aux jardins
environnants, habités par des gens tapageurs ?

Pendant la journée même ils ne se sentaient pas en
sécurité : avec les mamans et les grandes sœurs venaient
des enfants qui grimpaient aux arbres, dénichaient les
nids de fauvettes faits dans les bosquets, et jetaient sans
cesse des cailloux dans les branches. On était vraiment

exposé ; cela devenait intolérable pour des oiseaux sé-
dentaires et paisibles. C'était une jouissance bourgeoise
qu'il leur fallait ; si on ne pouvait pas la leur garantir,
on devait le dire franchement, ils verraient à déména-
ger ; sans doute il leur en coûterait, parce que quand on
est un honnête pigeon on tient à ses habitudes ; mais
précisément pour cela ils voulaient le repos.

Madame Daliphare avait attendu merveille de cette vie
nouvelle ; il lui semblait impossible qu'Adolphe n'y trou-
vât pas des distractions qui diminueraient singulièrement
le prestige de Juliette. Aussi sa surprise fut-elle grande
de reconnaître, après quelques mois d'expérience, que le
résultat qu'elle avait poursuivi n'était nullement obtenu.

Son superbe cuisinier lui avait, il est vrai, présenté
chaque semaine un mémoire long d'une toise, sur lequel
elle n'avait guère trouvé à rogner, malgré ses recher-
ches, embrouillée et intimidée qu'elle était par la kyrielle
de noms inconnus dont il était surchargé ; son maître
d'hôtel, si noble, la serviette à la main, lui avait cassé
pas mal de verrerie et ébréché plus encore de vaisselle ;
son jardinier s'était plaint des dégâts que les enfants causaient chaque dimanche dans les jardins et dans les
serres, où ils fourrageaient tout ; le cocher avait considé-
rablement augmenté le mémoire de l'avoine, sous le prétexte que les chevaux des invités mangeaient toute la
provision ; des fauteuils avaient été cassés, des canapés
déchirés, le tapis de billard avait été crevé, des avirons
avaient été perdus. C'était là le plus clair de ces récep-
tions qui donnaient tant de peine à organiser et qui
coûtaient si cher, sans compter les critiques de quelques
invités indépendants, qui ne se gênaient pas pour blâmer
tout, condamnant le vallonnement des pelouses, préfé-
rant la Garonne à la Marne et faisant la grimace en dé-
gustant les vins.

Quant à Adolphe et à Juliette, ils avaient traversé cette
période de fêtes sans paraître s'en apercevoir, ou tout au
moins sans modifier l'un ou l'autre leurs anciennes habitudes.

Toutes les fois que Juliette venait passer le dimanche à Nogent, Adolphe était d'une humeur charmante, aimable et gracieux avec tout le monde, plaisantant avec les mamans, jouant avec les enfants, causant et discutant avec les papas.

Toutes les fois au contraire qu'elle ne venait pas, il était d'une humeur massacrante ; on le voyait seulement à l'heure du dîner, auquel il assistait, présent de corps, absent d'esprit.

Madame Daliphare voulait bien dépenser son argent, mais c'était à condition que cette dépense la conduirait sûrement au but qu'elle poursuivait.

Adolphe voulait bien voir des invités venir s'installer tous les dimanches à Nogent et disposer de sa maison comme si elle leur appartenait, mais c'était à condition que Juliette serait au nombre de ces invités.

Mais si de son côté madame Daliphare voyait que son argent ne lui rapportait rien de bon, et si du sien Adolphe subissait l'ennui de convives qui lui étaient indifférents, sans le plaisir d'avoir en même temps devant lui celle qui lui faisait battre le cœur, il devait résulter de cette double déception que le fils autant que la mère et que la mère autant que le fils seraient mécontents.

Ce fut ce qui arriva, et avec cette circonstance aggravante qu'au lieu de s'en prendre aux difficultés de la situation, ils s'en prirent l'un à l'autre.

— Comment mon fils, que j'aime tant et pour qui j'ai tant fait, peut-il me causer un pareil chagrin ? se disait la mère.

— Comment ma mère, qui était autrefois si bonne et si généreuse, peut-elle me voir souffrir sans être touchée de pitié et se départir de son entêtement ? se disait le fils.

Et de fait il souffrait cruellement de la persistance de la volonté de sa mère, qui lui laissait peu d'espoir dans l'avenir ; et aussi il souffrait de la situation fausse dans laquelle il se trouvait vis-à-vis de Juliette.

Chaque fois qu'il voyait celle-ci, il l'entretenait bien,

entendu, de son amour ; mais c'était toujours timidement, arrêté qu'il était par l'embarras de donner une
conclusion à ses paroles. Que répondrait-il si un jour
Juliette, mettant sa main dans la sienne, lui disait :
« J'accepte » ? Elle paraissait s'attendrir et se laisser toucher par son amour. Que deviendrait-il si, tout à fait
vaincue, elle lui disait ce mot qu'il redoutait autant qu'il
l'espérait ?

Les choses en étaient à ce point lorsqu'il trouva dans
M. de la Branche, le notaire, un concours inattendu qui
avança singulièrement ses affaires.

XXIII

Le beau-père de M. de la Branche, le vénérable M. Marpillou, habitait Nogent depuis qu'il avait cédé son étude,
et tous les dimanches il recevait son gendre chez lui.

De là étaient nées des relations de voisinage qui, continuant des relations d'affaires, avaient créé une sorte
d'intimité entre madame Daliphare et la famille Marpillou.

Quand madame Daliphare avait organisé ses récep-
tions, elle avait été heureuse de trouver cette famille qui,
se composant de sept personnes, meublait tout de suite
la salle à manger. N'ayant en espérance que des dots
modérées, et plus laides d'ailleurs les unes que les autres, les trois demoiselles Marpillou qui restaient à marier
ne pouvaient en aucune façon être des rivales pour Juliette ; mais elles étaient excellentes pour remplir la
maison, et c'était en cette qualité que madame Daliphare
les invitait.

M. de la Branche, qui au grand désespoir de son beau-
père, laissait sa figure de notaire à Paris, pour devenir
un écolier échappé aussitôt qu'il avait passé la barrière
du Trône, était l'entrain et la gaieté de ces réunions ;
il organisait toutes les parties, jouait avec les enfants,

causait politique avec les pères, faisait du sentiment avec les jeunes mères, enfin il se répandait au dehors de toutes les manières, autant par expansion naturelle que pour échapper à sa femme, aussi aigre que disgracieuse.

Bien qu'il fût continuellement en train de causer, de rire, et de remuer, il était cependant capable d'observation, et ses yeux circulaires voyaient très bien tout ce qui se passait autour de lui, en même temps que ses oreilles aux aguets entendaient ce qui se disait.

L'attitude de Juliette et d'Adolphe l'avait naturellement frappé, et, sa curiosité éveillée, il s'était mis à les étudier l'un et l'autre.

Quel rôle mademoiselle Nélis jouait-elle dans cette maison : celui d'une maîtresse, celui d'une fiancée, celui d'une amie ?

Tout d'abord il avait incliné à croire qu'elle était la maîtresse d'Adolphe : certains regards, des poignées de main plus longues qu'elles ne le sont ordinairement entre indifférents, des mots dits à l'oreille, des prétextes sans cesse renaissants pour s'isoler et rester en tête-en-tête, lui avaient prouvé jusqu'à l'évidence qu'il y avait de l'amour entre eux. L'amour constaté, la conclusion avait été qu'elle était sa maîtresse : une artiste, c'était bien naturel ; pas de fortune, c'était obligé. Et comme il n'était pas du tout bégueule avec lui-même, le jeune notaire, il s'était fort égayé à cette idée.

— Voilà des gens heureux, s'était-il dit. Elle est charmante, il est beau garçon ; ils sont jeunes tous deux, ibres tous deux ; ils s'aiment. Il y a tout juste entre eux ce qu'il faut de contrainte pour donner du piquant à leurs amours. C'est très joli.

Et, faisant un retour sur lui-même, lui qui, pour obtenir une étude, avait épousé une jeune haridelle, sèche et jaune, dont la jalousie le tenait en laisse, il avait eu un soupir de regret. Mais comme il ne connaissait point l'envie, peut-être par cela seul que sa femme la connaissait trop, il n'en avait voulu ni à Adolphe ni à Juliette de leur bonheur, et par sympathie, pour approcher des gens heureux, pour jouir de leur amour et se réchauffer à ses rayons, il leur avait témoigné une véritable amitié et s'était mis en tiers entre eux toutes les fois qu'il avait cru ne point les gêner. Cela le rendait jeune et lui faisait oublier sa femme.

Mais cette intimité n'avait pas tardé à lui montrer la fausseté de sa conclusion : il y avait de l'amour entre eux, seulement il n'y avait que cela.

Alors cet amour devait aboutir forcément à un mariage. Mais comment madame Daliphare consentirait-elle au mariage de son fils avec une femme qui n'avait rien ?

Si la première conclusion du notaire l'avait égayé, la seconde lui causa une véritable satisfaction personnelle.

Bien qu'il fût d'une politesse parfaite avec madame Daliphare et lui montrât toujours un visage souriant, il n'avait point oublié qu'elle l'avait appelé « sot » ; le mot lui était resté sur le cœur, et, s'il n'en avait point jusqu'à ce jour marqué du dépit ou du ressentiment, c'était par intérêt bien plus que par oubli de l'injure. On ne se fâche pas avec une cliente comme madame Daliphare ; seulement, si l'on est rancunier, et il l'était, on attend son jour.

Un contrat de mariage entre Adolphe Daliphare, apportant deux millions, sans compter des espérances certaines, et Juliette Nélis, n'apportant rien du tout, si ce n'est « ses habillements, linge, hardes et bijoux à son usage personnel, auxquels il n'est pas, sur sa demande, donné d'estimation », — ce serait fort drôle à rédiger, et encore plus drôle à lire en détachant bien nettement les mots. Quel nez ferait la vieille !

Et la seule idée de ce nez lui donna l'envie de pousser à ce mariage : ce serait sa vengeance, et peut-être trouverait-il moyen de lui prouver qu'il n'était pas le « sot » qu'elle avait dit. Sot parce qu'il avait opposé le langage de la morale à celui des intérêts. Ne serait-il pas curieux de voir madame Daliphare punie précisément dans ses sentiments d'intérêts, les seuls qu'elle eût voulu écouter ?

Quoiqu'il se fût établi entre lui et Adolphe des rapports

d'amitié, il n'avait jamais été question entre eux de ce projet de mariage.

Souvent il avait vu Adolphe triste et sombre ; mais, bien qu'il devinât à peu près la cause de cette tristesse, il n'avait pas osé provoquer des confidences qu'on ne se montrait pas disposé à lui faire.

Mais lorsque, de déduction en déduction, il fut arrivé à comprendre clairement la situation et à se le formuler en quelques mots précis : amour d'Adolphe pour Juliette, projet de mariage, opposition de madame Daliphare, il changea de manières avec son ami.

Un dimanche que Juliette n'avait point été invitée à venir à Nogent et qu'Adolphe était de fort maussade humeur, il proposa à celui-ci une promenade en tête-à-tête sur la Marne.

Heureux d'échapper à la société de gens qui l'exaspéraient, Adolphe accepta avec empressement, et, s'étant embarqués tous deux dans une yole, ils se laissèrent entraîner doucement vers Joinville. Il y avait ce jour-là des régates à la Varenne, et tous les canotiers qui ordinairement encombrent la Marne depuis Petit-Bry jusqu'à Joinville étaient descendus plus bas, si bien qu'ils se trouvaient à peu près seuls sur la rivière et pouvaient laisser dévaler leur bateau sans prendre la peine de le diriger.

— Mon cher ami, dit le notaire lorsqu'ils furent au milieu du courant, je dois vous avouer qu'en vous proposant cet embarquement, je n'ai point eu une simple promenade en vue. J'ai voulu trouver un endroit où, loin « des profanes yeux », comme on dit dans les tragédies, et loin aussi des oreilles curieuses, nous puissions causer en liberté.

— Vous avez un service à me demander ? interrompit Adolphe, qui tenait de sa mère ce travers de croire qu'on ne pensait qu'à réclamer de lui un service quelconque.

— Mon Dieu ! non ; et je le regrette, car cela vous donnerait certainement un moment de bonheur, et je voudrais trouver une occasion de vous égayer. Vous êtes triste, mon ami.

— Triste, non pas précisément ; mais je manque d'entrain, voilà tout. Je ne suis pas comme vous toujours gai, toujours dispos. J'aurais fait un parfait notaire.

—Ah ! mon ami, ne parlez pas comme mon beaupère, je vous prie ; je vous assure qu'on peut être un parfait notaire sans se faire une tête « de ministère public ». Et, si vous vouliez me mettre à l'épreuve, je pourrais, je l'espère, vous montrer que, malgré mon nez retroussé et mon teint fleuri, j'ai quelques-unes de ces qualités du notaire, c'est-à-dire de celui qui arrange les différends de famille sans l'intervention de la chicane et de la loi.

— Que voulez-vous dire ?

—Je ne veux pas forcer vos confidences; mais enfin, puisque vous ne venez pas à moi, c'est à moi d'aller à vous. C'est un devoir qui s'impose à mon amitié, si vous me permettez de faire appel à ce sentiment. Vous souffrez, mon cher Adolphe, et, sans être un profond observateur, je crois pouvoir vous dire d'où vient votre souffrance.

Adolphe fit un geste pour imposer silence au notaire, mais celui-ci continua :

— Soyez certain que je ne vous blesserai pas; au contraire, croyez que je vous soulagerai. Je respecte la pudeur de votre sentiment et je n'en parlerai que tout juste autant qu'il sera nécessaire pour vous indiquer le remède que j'ai en vue. Vous aimez...

—— Je vous en prie, de la Branche, assez là-dessus.

— Vous aimez... une personne que je ne veux pas nommer, mais que je désignerai suffisamment en disant que c'est la jeune fille la plus belle, la plus charmante qu'on puisse voir et qu'on puisse souhaiter pour femme. Vous voyez que je la connais bien, n'est-ce pas, et vous la reconnaissez?

Adolphe perdit son air maussade et laissa paraître un sourire sur son visage.

—Malheureusement, continua le notaire, cette personne, qui a tous les dons, ni plus ni moins qu'une filleule de fée, manque d'une qualité: — elle n'a pas de fortune; et alors votre mère ne voit pas favorablement votre mariage. De là votre chagrin et votre inquiétude. C'est bien la situation, n'est-ce pas?

— Avec cette circonstance en plus que si j'aime cette personne, j'aime aussi ma mère, de telle sorte que je me trouve placé dans une double situation également pénible. D'un côté, je suis malheureux parce que je ne peux pas épouser celle que j'aime; d'un autre côté, je suis malheureux parce que l'épousant je fais le désespoir de ma mère. Vous voyez, mon cher ami, que vos remèdes de notaire ne peuvent pas s'appliquer à mon cas.

— Croyez-vous donc que je viens vous dire: « Vous avez vingt-cinq ans ; aux termes de l'article 148, vous avez atteint la majorité fixée pour contracter mariage. Il vous faut seulement maintenant le consentement de votre mère ; si elle ne veut pas vous donner ce consentement, nous le lui demanderons par un acte respectueux, nous renouvellerons cet acte deux fois de mois en mois, et un mois après le troisième acte nous passerons outre à la célébration du mariage?» Un avoué, un avocat, pourraient vous parler ainsi en faisant intervenir brutalement la loi; mais je suis notaire, et précisément j'ai une manière d'entendre et de pratiquer le notariat qui laisse peu de place aux rigueurs légales. C'est par d'autres moyens que je conseille toujours à mes clients d'agir, et vous êtes pour moi plus qu'un client, puisque vous êtes un ami.

— Quels moyens? interrompit Adolphe vivement. Vous avez des moyens pour obtenir le consentement de ma mère sans la peiner?

— Sans la peiner, non ; sans la fâcher, oui, au moins je l'espère.

— Ah! mon ami, parlez vite.

— Vous ne m'en voulez plus d'avoir fait violence à vos secrets?

— Je m'en veux d'avoir eu la sottise de ne pas vous les confier et de ne pas vous avoir plus tôt demandé conseil ; je me serais épargné bien des angoisses.

— Les seules raisons pour lesquelles madame Daliphare

Ce n'était plus le même homme qui, la veille, un chapeau de paille sur la tête, un foulard au cou, un veston de laine blanche sur le dos, les mains dans ses poches, se promenait sur le bord de la Marne, parlant haut, riant, sifflant un air d'opérette, et faisant risette aux canotières. C'était M. de la Branche, notaire à Paris; il avait repris sa mine et le costume de son emploi. Encore, pour la circonstance, on avait-il exagéré la gravité : jamais son col droit n'avait été si roide, sa cravate blanche si empesée ; jamais ses cheveux n'avaient été si bien collés sur sa tête.

A Nogent, lorsqu'il arrivait chez madame Daliphare, il avait l'habitude d'aller droit à elle, les mains tendues, et de lui dire :

— Bonjour, ma chère madame Daliphare; vous allez bien ? Vous êtes fraîche comme les roses de votre jardin.

Mais à Paris, dans l'exercice de ses fonctions, cette familiarité n'eût pas été convenable. Dès la porte il s'inclina profondément.

— Chère madame, dit-il d'une voix sourde, je dépose mes hommages à vos pieds.

Il était le premier à rire de cette phrase prétentieuse ; mais elle lui était très utile pour le mettre en train, et après cette énormité il se sentait mieux dans son rôle.

— Adolphe n'est pas ici ? dit-il en relevant la tête et en jouant la surprise.

— Il est sorti pour une heure; vous avez besoin de le voir ?

— Au contraire, chère madame, et je suis heureux de ce hasard intelligent; c'est à vous que je rends visite, et ce dont j'ai à vous entretenir exige le tête-à-tête : Adolphe m'eût gêné, car c'est de lui que je veux vous parler.

Madame Daliphare était debout devant un pupitre haut, occupée à vérifier des colonnes de chiffres et tenant dans sa main gantée un crayon rouge avec lequel elle marquait les erreurs d'une croix, mais sans les rectifier. A ces mots, elle quitta son pupitre et alla fermer la porte qui, de son cabinet, communiquait avec la caisse. Penché sur un grand livre, Latzius paraissait absorbé

s'oppose à votre mariage avec mademoiselle Nélis v
nent de ce que mademoiselle Nélis n'a pas de fort\
n'est-ce pas pas?

— Assurément.

— Il n'y en a pas d'autres?

— Comme tout le monde, ma mère rend justice à
liette.

— J'en suis convaincu; seulement, si je tiens tan
préciser, c'est que pour arracher le consentement de vo
mère, il faut que je frappe à l'endroit sensible et non \
leurs. Donc madame Daliphare s'oppose à votre mari\
avec mademoiselle Nélis parce qu'elle considère qu'il
de votre intérêt et du sien que vous épousiez une fem\
riche?

— Parfaitement.

— Eh bien! je prétends lui démontrer qu'il est
contraire de votre intérêt que vous épousiez une fem\
pauvre, et encore plus du sien.

— O mon ami, ne vous moquez pas de moi!

— Je parle très sérieusement, et si sérieusement mê\
que je ne vous demande qu'un mois pour faire cette d\
monstration. Comment? c'est mon secret, que vous n
permettrez de garder. Tout ce que je puis vous dire, c'\
que j'ai bon espoir. Vous avez confiance en moi, n'est-\
pas? Vous me savez incapable d'employer des moye\
coupables?

— Ah! mon ami!...

— Eh bien! alors, à l'aviron et remontons le courant
nous pouvons rentrer.

XXIV

Le lendemain, comme trois heures sonnaient, M. de l\
Branche entra dans le cabinet de madame Daliphare.
Ainsi que cela avait été convenu la veille, Adolphe était
sorti; en son absence, le notaire pouvait s'expliquer en
toute liberté.

9

dans son travail ; mais il n'avait pas perdu une seule parole du notaire, et sa curiosité était terriblement excitée. Il allait être question d'Adolphe : c'était sans doute pour un mariage, avec qui ? Ce ne pouvait être qu'avec mademoiselle Nélis.

Ces prévisions du caissier étaient aussi celles de madame Daliphare, qui ne doutait pas maintenant que l'absence d'Adolphe n'eût été arrangée avec le notaire. « Il va me parler de Juliette, se disait-elle en revenant à sa place ; je vais bien le recevoir. »

Et bien préparée elle s'assit à son bureau, faisant face au notaire.

— Vous m'avez fait l'honneur de me consulter plusieurs fois pour vos affaires, commença M. de la Branche : achats de propriété, placements hypothécaires, transports de créance, et même vous m'avez appelé dans des circonstances plus délicates. Ainsi... pour le testament de M. Daliphare.

— Parfaitement, répondit madame Daliphare, qui de sa conférence avec M. de la Branche n'avait oublié qu'une seule chose, à savoir qu'elle l'avait appelé « sot ».

Cet oubli des injures... qu'elle adressait aux autres était d'ailleurs un des traits de son caractère. Elle offensait les gens avec une extrême facilité, les appelant voleur, imbécile, paresseux, et, un quart d'heure après, elle n'y pensait plus, à cette seule condition toutefois qu'ils n'auraient pas répliqué.

— Par ces divers témoignages de votre confiance, poursuivit le notaire, je me crois autorisé à intervenir aujourd'hui dans vos affaires de famille, et j'espère, si vous voulez bien m'écouter, que vous me pardonnerez cette ingérence, en considération du motif qui la détermine.

Lorsque M. de la Branche entendait des phrases de ce genre sortir de la bouche de ses collègues, il se tordait de rire ; cependant il ne rougissait pas de les employer quand il croyait pouvoir les placer lui-même utilement.

— Je n'ai pas à vous pardonner, dit madame Daliphare ; j'ai à vous remercier.

— Ces motifs, continua le notaire, sont une profonde estime pour vous et une vive amitié pour Adolphe. Je voudrais lui rendre service.

A ce mot, madame Daliphare fit la grimace en pinçant les lèvres; car, si elle était la plus heureuse des femmes lorsqu'elle avait l'occasion d'obliger les gens ostensiblement et à bon marché, elle était par contre cruellement humiliée lorsqu'elle se trouvait exposée à devoir la reconnaissance à quelqu'un. Devoir pour quoi que ce fût et à qui que ce fût était pour elle un intolérable supplice, et si malgré tout il arrivait qu'on lui eût rendu service, elle s'arrangeait très adroitement pour démontrer qu'on avait eu intérêt à le faire, — et que si cet intérêt n'était point payé immédiatement, il le serait à terme. Une femme comme elle n'avait besoin de personne, et un service qu'on lui proposait était une lettre de change qu'on présentait à son acceptation.

— Adolphe vous aura une grande reconnaissance de votre intention, dit-elle, et il saura vous la témoigner.

— Mon Dieu, répliqua le notaire avec une bonhomie qui trompa madame Daliphare en la confirmant dans son idée, je serai assez payé par la réussite de mon projet pour qu'Adolphe ne me doive rien.

— C'est bien cela, se dit madame Daliphare; il s'agit d'un mariage avec Juliette, et c'est pour toucher les honoraires du contrat que ce petit notaire se permet d'intervenir dans mes affaires.

— Je crois vous en avoir dit assez, continua-t-il, pour que vous deviniez maintenant le but de ma visite. Vous êtes douée d'une trop grande finesse pour ne pas prononcer vous-même le mot que j'ai sur les lèvres.

— Je pense qu'il est question d'un mariage...

— Précisément; c'est en effet un mariage que je viens vous proposer pour Adolphe, qui est d'âge maintenant à prendre femme.

— Rien ne presse.

— Sans doute ce n'est pas parce que je vois Adolphe vieillir sans songer à un établissement définitif que je viens vous entretenir de mon projet. Il n'y a pas péril en la demeure. Cependant, si une occasion favorable se présente, il me semble qu'il est de mon devoir de vous en parler. Un notaire n'est point un homme d'affaires qui n'a souci que de la fortune de ses clients ; au-dessus de la fortune il y a des intérêts plus élevés : veiller sur la fortune de nos clients n'est qu'une partie de notre tâche; nous devons encore, quand cela est possible, assurer la paix et le bonheur de leur famille ; c'était de cette façon que les notaires d'autrefois comprenaient les obligations de leur charge, et c'est un vieil usage que je voudrais faire revivre, bien qu'il ne soit plus dans les habitudes du jeune notariat. Vous êtes donc disposée à consentir au mariage d'Adolphe ?

— Au moins ne suis-je pas hostile à cette idée de mariage.

— J'entends les choses ainsi, je n'ai jamais supposé que vous étiez de ces mères jalouses qui veulent garder leurs fils pour elles.

— Je comprends qu'Adolphe doit se marier un jour, et c'est sans effroi que je vois s'approcher ce moment ; je ne crains point une belle-fille, et suis assez assurée de l'amitié de mon fils pour savoir que le mariage ne changera pas ses sentiments à mon égard. Qu'une belle-fille se présente donc et je l'accepterai, pourvu qu'elle réunisse certaines conditions que je veux absolument trouver chez elle.

— C'est bien naturel.

— N'est-ce pas ? répliqua madame Daliphare, qui, ayant amené la conversation à ce point, était certaine maintenant de rouler le notaire. Ainsi la première chose que j'exige, c'est une fortune à peu près égale à la nôtre.

— Cependant vous êtes assez riche pour deux.

— Qu'un amoureux parle ainsi, cela s'explique à la rigueur ; mais un notaire, voilà qui est curieux.

— J'ai tout simplement voulu dire que vous étiez assez grande pour que la fortune ne soit à vos yeux qu'une question incidente, primée par d'autres d'un ordre plus élevé.

— Dans ces termes, nous pouvons nous entendre, car je fais assurément passer l'honorabilité de la famille, son nom et sa position dans la société, avant son argent. Ainsi vous me proposeriez une jeune fille dont la dot serait inférieure à celle d'Adolphe, mais qui aurait comme compensation des parents dans une haute situation, je ne la repousserais pas. J'ai de l'ambition pour mon fils, mais ce n'est pas seulement une ambition d'argent ; si sa femme, par sa parenté, pouvait le servir, je ferais une concession dans mes exigences. Donc, si la jeune fille que vous avez en vue réunit la position et la fortune dans une mesure que vous pouvez très bien apprécier ; de plus, si elle est jolie, bien élevée, telle enfin qu'elle doive faire le bonheur de mon fils, je suis prête à écouter vos propositions. Si au contraire toutes ces conditions, que j'exige absolument, ne se trouvent point en elle, n'allons pas plus loin. Il me serait impossible de faire des concessions, et une discussion à ce sujet me serait extrêmement pénible.

Elle avait débité ce petit discours en regardant le notaire en face, prenant plaisir à ménager ses effets, et riant d'avance de l'embarras dans lequel il allait se trouver pour répondre. Comment s'y prendrait-il pour démontrer que Juliette réunissait ces conditions de fortune et de position ? Il était au pied du mur, et si bien acculé, qu'il ne pouvait que se rendre sans dire un seul mot : le nom même de Juliette ne serait pas prononcé.

Grande fut sa surprise de voir que M. de la Branche n'était nullement déconcerté, et qu'il se préparait à répliquer d'un air satisfait :

— Je suis d'autant plus heureux de vous entendre parler ainsi, dit-il, que ma jeune fille répond, de point en point, à ces exigences : beauté, éducation, fortune, position et honorabilité de famille, elle a tout cela.

A son tour il regardait madame Daliphare en face.

— Vraiment ? dit celle-ci.

— Avez-vous pu supposer, chère madame, que je serais assez... comment dirais-je bien ?... assez sot pour,

vous proposer uue personne indigne de vous ? Sans connaître vos prétentions, je pouvais, jusqu'à un certain
point, les prévoir. Vous avez pris la peine de me les indiquer en quelques mots précis, de sorte que maintenant
je crois qu'il est permis de considérer ce mariage comme
fait, puisque, d'un côté comme de l'autre, tout se trouve
réuni.

— Mais de qui donc voulez-vous parler ? interrompit
madame Daliphare, emportée par l'impatience.

— Ah ! c'est vrai ; je vous ai tout dit, excepté l'essentiel,
excepté le nom.

— C'est ?...

— C'est mademoiselle Houdaille. Vous savez mieux
que moi comment M. Houdaille a fait sa fortune dans le
commerce parisien, comment il a été nommé député au
corps législatif et membre du conseil municipal de la
Seine. Sa position financière et sa position politique sont
connues de tout le monde ; il sera probablement ministre
un jour ou, s'il ne l'est, il pourra aider son gendre à le
devenir. Je ne sais pas si vous connaissez mademoiselle
Houdaille?

— Je ne l'ai jamais vue.

— Charmante ; élevée dans un couvent à la mode ; une
éducation brillante, et des principes... les principes de
son couvent, c'est tout dire.

Madame Daliphare resta un moment les yeux baissés,
faisant effort évidemment pour ne pas laisser paraître les
sentiments qui l'agitaient.

— Et c'est au nom de M. Houdaille, dit-elle enfin, que
vous nous faites cette proposition?

Elle avait grandi de dix pieds, ses yeux lançaient des
éclairs.

— Pas précisément : seulement il y a quelque temps
M. Houdaille m'a consulté pour le mariage de sa fille ;
nous avons cherché ensemble quels jeunes gens pouvaient
prétendre à la main de cette charmante personne : le nom
d'Adolphe s'est naturellement présenté, et si les choses
n'ont pas été plus loin tout de suite, c'est parce que j'ai

cru devoir, par déférence et par amitié, m'adresser à vous d'abord. Maintenant que je connais vos dispositions, je vais suivre l'affaire. Je vous tiendrai au courant de ma négociation.

XXV

La stupéfaction des employés fut profonde lorsqu'ils virent madame Daliphare reconduire le notaire et traverser les bureaux, en marchant près de lui d'un pas alerte et joyeux.

Cela ne s'était jamais fait, c'était une dérogation aux usages traditionnels véritablement extraordinaire. Jamais, au grand jamais, elle n'avait accompagné personne plus loin que la caisse de Lutzius. C'était à croire qu'il y avait sur le parquet une raie magique invisible pour tout le monde, mais pour elle infranchissable comme une ligne de feu. Arrivée à cette raie, elle s'arrêtait net, et après une brusque inclinaison de tête, qui imprimait à ses deux papillotes un mouvement rapide de haut en bas et de bas en haut, comme si elles eussent été des élastiques en fil de laiton, elle congédiait les visiteurs. C'était tout ce qu'on obtenait d'elle. Elle était riche, elle était femme, et ces deux qualités lui paraissaient suffisantes pour exiger de tous des témoignages de politesse et de déférence qu'elle ne rendait à personne. Cela était si bien connu que souvent, en la voyant arriver à la caisse, les commis se disaient entre eux et tout bas : « Attention ! le ressort va partir » ; et effectivement le ressort partait.

Que signifiait cette marque de politesse envers le notaire ? il lui avait donc rendu un bien grand service ?

— C'est bien certainement le mariage de M. Adolphe qui se prépare, dit Flavien à Mayadas : mademoiselle Nélis va être notre patronne.

— S'il était question de mademoiselle Nélis, répliqua Mayadas, « madame » n'aurait pas cette mine joyeuse.

— Que M. Adolphe épouse mademoiselle Nélis ou une

autre, dit Pommeau, qui par hasard se trouvait à ce moment avec ses deux camarades, ça m'est égal : tout ce que je désire, c'est qu'il se marie, ça nous fera un jour de fête. Vous autres, vous avez eu l'enterrement; moi, je veux le mariage. Pendant que vous preniez votre congé, j'étais à Foix.

— Vous voyiez des pays et vous faisiez des économies.

— Oui, joli pays et fameuses économies; mes frais avaient été si rigoureusement calculés, que je n'ai pu mettre que treize sous de côté.

Madame Daliphare et le notaire s'étaient arrêtés sur le palier de l'escalier où ils s'entretenaient. Lutzius, traversant le bureau, alla les rejoindre ; il tenait à la main une feuille de papier timbré.

— Voilà Lutzius qui va aux nouvelles, dit Pommeau.

— A-t-il un toupet !

Ce toupet n'alla cependant point jusqu'à intervenir dans cet entretien. Lutzius s'arrêta à une distance respectueuse, et là il attendit, se contentant de tousser de temps en temps discrètement dans le creux de sa main pour appeler l'attention.

— Que voulez-vous? dit enfin madame Daliphare, que cette toux répétée tira de sa préoccupation.

— Je voulais consulter M. de la Branche au sujet d'une inscription, dit Lutzius, s'avançant et montrant la feuille de papier timbré.

— Alors, au revoir, mon cher monsieur de la Branche, dit madame Daliphare. A bientôt, n'est-ce pas ? au revoir.

La consultation que Lutzius voulait demander au notaire était, bien entendu, un prétexte ; en réalité, il cherchait une occasion d'apprendre quelque chose. Comment arriverait-il à ce résultat? Il n'en savait rien ; mais enfin il lui semblait qu'en causant avec le notaire il avait toujours la chance de récolter un renseignement quelconque, si mince qu'il fût ; puis il aurait approché M. de la Branche, et ce serait une sorte de prestige dont il pourrait se parer auprès des autres commis.

Ses efforts pour faire parler M. de la Branche furent

vains, et il eut beau faire revenir vingt fois le nom de M. Daliphare, le notaire ne dit point (comme le caissier l'espérait) qu'il avait en ce moment occasion de voir souvent Adolphe.

De guerre lasse, le caissier fut obligé de laisser partir le notaire, et il revint à son bureau, n'en sachant pas plus que quand il l'avait quitté.

— Eh bien! demanda Mayadas, l'arrêtant au passage, est-ce que M. Adolphe épouse mademoiselle Nélis?

— Je vous trouve bien curieux, cher ami, et c'est un bien vilain défaut. Croyez-vous que je vais vous répéter ce que M. de la Branche m'a confié? Pour cela, adressez-vous à d'autres. Il se prépare des choses graves; quand le moment sera venu d'en parler, je les dirai, pas une heure avant.

— Lutzius, interrompit Mayadas, voulez-vous que je vous dise? Vous n'êtes qu'un Allemand.

— Je m'en honore.

— Très bien. Seulement vous savez mon opinion sur les Allemands : tous hypocrites, poseurs et blagueurs. Voilà. Le notaire ne vous a rien dit, et vous faites le diplomate.

— Nous nous expliquerons plus tard, dit le caissier d'un air digne : « madame » pourrait nous entendre.

Ce danger n'était pas à redouter pour les commis, car en ce moment madame Daliphare arpentait son cabinet à grands pas, sans se soucier de ce qui pouvait se passer dans ses bureaux.

L'orgueil la portait et les bouffées de joie qui lui montaient à la tête troublaient ses yeux et ses oreilles; elle ne regardait pas dans le présent, mais dans l'avenir.

M. Houdaille, en effet, était le modèle qu'elle avait eu sans cesse présent à la pensée pendant toute sa carrière. Alors qu'elle n'était que la petite Choichillon, M. Houdaille avait déjà une maison importante dans le quartier du Temple, et chaque jour elle avait envié son succès. C'était l'époque où, commençant à établir les fondations de sa fortune, elle cherchait des exemples autour d'elle

autant pour se guider que pour se justifier à elle-même
son ambition, et bien souvent tout bas elle s'était dit :
« Si j'arrivais seulement à la fortune et à la réputation
de M. Houdaille ! » Plus tard, le commerçant était devenu
homme politique, les circonstances l'avaient mis en vue,
et à mesure qu'il avait monté les échelons, madame Daliphare l'avait suivi, partagée entre l'admiration et l'envie.
Elle aussi, si elle avait été homme, elle aurait pu être
conseiller municipal, maire de son arrondissement, député
au corps législatif. Si elle n'avait pu réaliser ce rêve parce
qu'elle était femme, elle avait pu au moins se rapprocher
de son modèle par la fortune, l'égaler, puis le surpasser,
car pendant qu'il perdait son temps dans les affaires pu-
bliques, elle travaillait et gagnait de l'argent.

C'était cet homme qui venait aujourd'hui rechercher
une union avec elle en lui faisant demander son fils en
mariage ; car elle n'avait pas été dupe de la discrétion
du notaire, et elle était pleinement convaincue qu'il n'a-
vait fait sa démarche qu'à l'instigation de M. Houdaille.
On voulait d'elle, et, pour tâter ses sentiments, on lui
avait détaché M. de la Branche. Il avait vraiment bien
manœuvré, le notaire, et, rendue indulgente par la joie,
elle lui reconnut quelque mérite : il était fin, adroit, dis-
cret.

Ainsi M. Houdaille voulait Adolphe pour sa fille : ce
serait un beau mariage, qui permettrait à Adolphe de
tout espérer.

La position des Houdaille était supérieure à celle des
Daliphare, mais la fortune des Daliphare valait mieux que
celle des Houdaille. Elle n'aurait donc pas à souffrir dans
son orgueil, car l'argent compenserait les honneurs. Et
puis il n'y avait pas une seule tache sur le nom des Daliphare : réputation nette comme la fortune, voilà ce qu'elle
apportait de son côté ; tandis que du côté de la future, il
y avait un Houdaille, un oncle, qui avait fait faillite. Il
avait été réhabilité, cela était vrai, mais on savait comment : après avoir obtenu un concordat qui lui remettait
cinquante pour cent, il n'avait payé que vingt-cinq pour

cent pour avoir quittance complète. Cela était connu, et si les Houdaille levaient un jour la tête trop haut, on pourrait leur rappeler ce fait, qui n'avait point son pareil à la charge d'Adolphe. Il n'avait jamais eu d'oncle failli, lui, ni de cousin, ni personne dans sa famille.

Oh ! ce serait un beau mariage, où tout se trouverait réuni.

Lorsque Adolphe rentra et vit la joie qui transfigurait sa mère, il fut épouvanté.

— J'ai eu la visite de de la Branche, dit-elle.

— Nous l'avions vu hier.

— Il avait à me parler d'une affaire importante... très importante...

— C'est cette affaire qui t'a donné cette animation ?

— Ce sera la plus grande affaire de ma vie, l'animation est bien permise. Dans quelques jours je te dirai de quoi il s'agit.

Il ne pouvait pas attendre quelques jours, et la joie de sa mère faisait son angoisse.

Que signifiait cette joie ? Quel jeu jouait donc de la Branche ?

Le lendemain matin, il courut chez le notaire à l'heure à laquelle il était certain de le trouver à son étude.

— Eh bien ! que se passe-t-il ? dit celui-ci en le voyant entrer dans son cabinet ; pourquoi cet air effaré ?

— C'est à vous que je pose cette question : Que se passe-t-il ? Hier, en rentrant, j'ai trouvé ma mère si heureuse, que j'ai été effrayé. Ce n'est pas la pensée de mon mariage avec Juliette qui peut lui causer cette joie.

— Mais alors ?

Je ne vous ai pas promis de parler de mademoiselle Nélis à votre mère, mais seulement d'aider à votre mariage. Pour cela, laissez-moi prendre les chemins qui me paraissent conduire au but que je me propose ; et si je crois bon de parler de pluie et de beau temps, accordez-moi cette liberté. Je n'ai pas le même bonheur que vous à prononcer le doux nom de Juliette.

— Enfin, où voulez-vous en venir ?

— A assurer votre bonheur. Seulement, si vous voulez que je réussisse, ne m'interrogez pas. Vous savez garder un secret, j'en suis certain, mais pas avec votre mère. Madame Daliphare est trop fine, trop habile, trop maîtresse de votre volonté ; si je vous disais aujourd'hui ce que je compte faire dans huit ou quinze jours, elle le saurait demain. Alors que me resterait-il ? Je n'ai pas des moyens inépuisables, je n'en ai qu'un ; ne me le brisez pas vous-même.

A ce moment un valet de chambre entra dans le cabinet du notaire.

— Madame fait demander si monsieur se servira du coupé aujourd'hui ? dit-il.

— Je ne sais pas, répondit M. de la Branche avec impatience ; laissez-moi.

— Huit jours, quinze jours, dit Adolphe, reprenant l'entretien ; je ne peux attendre jusque-là.

— Bigre ! dit le notaire en riant ; vous êtes un joli amoureux, vous.

— Il ne s'agit pas de mon impatience, mais des circonstances qui me pressent. Madame Nélis, à qui j'ai parlé de mon projet il y a longtemps déjà, ne comprend rien aux retards et aux remises que j'apporte à sa réalisation ; elle commence à croire que je me moque d'elle, et d'un moment à l'autre elle peut avoir une explication avec ma mère. D'un autre côté, Juliette, qui hésite à se décider à ce mariage, est dans des conditions particulières où je pourrais enlever son consentement. Elle vient d'éprouver deux déceptions qui sont cruelles pour son amour-propre d'artiste et qui jusqu'à un certain point l'ont découragée. Sur deux tableaux présentés par elle à l'exposition, elle en a eu un de refusé, et le plus remarquable, bien entendu, celui sur lequel elle comptait pour frapper un coup. A cette occasion, elle a été indignement traitée dans un journal. Ce serait le moment pour moi d'intervenir vigoureusement et de la décider à renoncer à la peinture.

— Je comprends vos raisons, et je vous promets de ne pas perdre de temps.

La porte du cabinet se rouvrit, et le valet de chambre parut de nouveau.

— Madame prie monsieur de décider ce qu'il fera pour la voiture, dit-il, parce que madame en a besoin, et si monsieur ne devait pas s'en servir, elle la prendrait pour toute la journée.

— Qu'elle la prenne ! dit le notaire.

Puis, quand le valet de chambre fut sorti :

— Et je vous laisserais épouser, dit-il vivement, une femme qui, parlant au nom de sa dot et de sa fortune, s'attribue le droit d'ordonner tout dans votre vie ! Non, mon ami ; vous épouserez une femme sans dot et sans fortune, qui vous laissera toute liberté de vous servir ou de ne pas vous servir de votre voiture. Encore un coup, comptez sur moi ; vos affaires sont en bon chemin. Hier vous avez vu le triomphe de votre mère, demain vous verrez sa défaite, et dans quelques jours, je l'espère, vous verrez sa capitulation. La pièce est en trois actes, sans compter l'apothéose, où vous paraissez en prince Charmant. Ah ! hyménée, hyménée !

XXVI

Bien qu'il fût jeune encore, M. de la Branche connaissait la valeur du temps, et il savait jusqu'à quel point quelques jours d'attente peuvent porter nos désirs exaspérés.

Malgré les instances d'Adolphe, il ne se hâta donc point de retourner chez madame Daliphare, seulement il lui écrivit tous les soirs.

Le premier jour, il n'avait pas pu voir M. Houdaille, retenu au corps législatif ; le second il l'avait vu, mais comme M. Houdaille était précisément sur le point d'entrer dans une combinaison ministérielle, ils n'avaient pas pu traiter l'affaire du mariage ; le troisième, il y avait eu erreur dans le rendez-vous; le quatrième, ils avaient abordé la question, mais avant de donner une réponse précise, M. Houdaille voulait consulter sa femme. Enfin, le cinquième jour, il annonça sa visite pour le lundi suivant, en demandant à quelle heure Adolphe serait sorti.

Madame Daliphare était à bout de patience et montée à un degré qui lui enlevait tout sang-froid.

Elle avait si bien perdu la tête que, quand le notaire fut entré, elle ne pensa pas à fermer la porte de son cabinet; mais M. de la Branche répara cet oubli, et il alla la pousser lui-même au nez du caissier.

— Mes lettres vous ont tenue au courant de mes négociations, dit-il; aujourd'hui je viens vous en communiquer le résultat. Naturellement ce résultat est conforme à mes prévisions.

— Ah! s'écria madame Daliphare, qui n'eut pas la force de retenir cette exclamation.

— M. Houdaille a répondu qu'il considérait ce mariage comme un honneur pour lui. Il a la plus vive estime pour votre caractère, et, bien qu'il ne connaisse point Adolphe personnellement, il fait si grand cas de votre situation commerciale et surtout de la façon dont vous l'avez acquise, qu'il désire une union entre vos deux familles.

A ce mot, il s'arrêta pour regarder madame Daliphare : elle rayonnait. Houdaille l'estimant, Houdaille considérant ce mariage comme un honneur pour lui, c'était plus qu'elle n'avait espéré dans ses jours d'orgueil; elle allait donc traiter de puissance à puissance, sur le pied d'une égalité parfaite, avec celui qu'elle avait jusqu'alors admiré de loin.

— Voyant la tournure que prenaient les choses, continua le notaire, j'ai pensé à vous réunir les uns les autres, afin que les jeunes gens fissent connaissance; car je ne suis pas de ceux qui croient que dans un mariage il n'y a à tenir compte que des intérêts et des convenances.

— Si mademoiselle Houdaille est ce que vous m'avez annoncé...

— Assurément, et je suis convaincu qu'Adolphe trouvera

mademoiselle Houdaille très jolie, tandis que celle-ci trouvera votre fils charmant. Cela est certain; mais encore faut-il qu'ils se connaissent; on ne marie pas les gens les yeux fermés, que diable! Je ne dis pas qu'il faille se faire la cour pendant des années; mais, avant de s'engager l'un à l'autre pour la vie, il faut se voir... au moins une fois. N'est-ce pas votre avis?

— Sans doute.

— Eussiez-vous dû m'accuser d'être romanesque, j'aurais agi comme je l'ai fait, parce que cela me garantit vis-à-vis d'Adolphe, qui ne pourra pas m'accuser de l'avoir marié sans son approbation. Dimanche prochain, la famille Houdaille viendra passer la journée chez mon beau-père; si vous voulez nous honorer d'une visite que vous nous ferez « par hasard », il en résultera une rencontre « fortuite », et l'affaire sera faite.

— Il y aura encore la question d'intérêt à discuter, il me semble.

— Cela va sans dire; seulement je ne m'en mêle pas, quoique notaire. Quand on a des clients qui se nomment, d'un côté madame Daliphare et de l'autre M. Houdaille, on n'intervient pas entre eux; ils sont assez forts pour faire leurs affaires eux-mêmes. Mon ministère ne sera utile que pour discuter et rédiger le contrat. Malheureusement cela ne se fera pas aussi vite que j'aurais voulu.

— Et pourquoi donc? interrompit madame Daliphare.

— Dame! parce que vous avez certaines formalités à accomplir, qui, malgré toute la diligence que j'y apporterai, demanderont toujours du temps.

— Quelles formalités?

— Celles qui n'ont point été accomplies après la mort de M. Daliphare et qui doivent l'être maintenant. Mais, rassurez-vous, nous hâterons les choses; je ne veux pas que, lorsque Adolphe aura vu mademoiselle Houdaille, son bonheur soit retardé par mon fait. Nous abrégerons autant que possible, et nous nous enfermerons strictement dans les délais.

Depuis quelques instants le visage de madame Daliphare s'était assombri.

— Expliquez-vous donc, fit-elle avec impatience; vous voyez bien que je ne comprends rien à ce que vous me dites. Quelles sont ces formalités?

— Un inventaire, une licitation, une liquidation.

— Et à propos de quoi tout cela, je vous prie?

— Mais pour établir la situation de votre fils et la vôtre.

— Cette situation est bien simple : ce que j'ai appartient à mon fils.

— Lui en faites-vous donation *hic et nunc* ou bien par contrat de mariage? Non, n'est-ce pas? Ce serait de la folie. Alors, pour établir la situation d'Adolphe, il faut, comme je vous l'ai dit, un inventaire d'abord, une licitation et une liquidation. C'est la marche obligée. Vous étiez mariée sous le régime de la communauté?

— Réduite aux acquêts.

— Réduite aux acquêts, c'est entendu. La mort de M. Daliphare a amené la dissolution de cette communauté et investi Adolphe de ses droits d'héritier. Quels sont-ils?

— Adolphe a hérité de la moitié de ce que son père possédait, puisque en vertu de ma donation l'autre moitié m'appartenait; c'est donc du quart de la communauté qu'il est propriétaire. Il n'y a pas besoin ni de formalités ni de longs calculs pour voir cela.

— Sans doute. Seulement vous conviendrez que le quart, la moitié, ce sont des abstractions. Le quart de quoi, la moitié de quoi? De la communauté? Autre abstraction encore. De quoi se compose cette communauté? à quel chiffre s'élève-t-elle? C'est là ce que l'inventaire doit nous apprendre.

— Ma parole suffit.

— Vous savez mieux que personne qu'en affaires, les paroles ne signifient rien. D'ailleurs, cette formalité d'inventaire n'a rien qui puisse vous gêner. Que vous importe que votre fortune soit connue de tout le monde? Il n'y a que les gens gênés qui ont intérêt à cacher la vérité. Il est

vrai qu'il y a aussi ceux qui ont fait une fausse déclaration au fisc. Ainsi, que vous ayez, par exemple, en payant
les droits de mutation, dissimulé une partie de l'avoir de
la communauté, l'inventaire venant donner le chiffre
juste, vous seriez prise en flagrant délit de fraude et
obligée de payer triple droit. Mais cette supposition est
absurde, et il est bien certain que ni la gêne ni la fraude
ne peuvent se rencontrer chez vous; donc cet inventaire
ne vous touche en rien.

Une fois encore le notaire s'arrêta pour examiner madame Daliphare. Ses yeux étaient inquiets, ses mains
étaient agitées par des mouvements nerveux. Était-ce la
fausseté d'une déclaration faite à l'enregistrement qui
l'inquiétait? Le certain, c'est qu'elle était touchée.

Il continua :

— Le plus désagréable, ce sera la licitation, qui don
nera lieu à des frais considérables. Vous rachèterez vos
propriétés; cependant je reconnais qu'il est fort ennuyeux
de les mettre en vente. Mais, d'un autre côté, il est difficile d'estimer la plus-value qu'elles ont pu acquérir depuis
qu'elles sont entre vos mains. Cela fait, nous n'aurons
plus que la liquidation, qui, elle, ne sera plus qu'une
simple formalité fixant ce qui vous appartient et ce qui
appartient à votre fils, de sorte que vos deux fortunes
soient distinctes : ceci à vous, cela à lui, sans rien de
commun.

— Et c'est M. Houdaille qui exige toutes ces formalités?

— La question ne s'est pas du tout posée en ces termes.
En causant, M. Houdaille m'a demandé quelle était votre
situation. Je lui ai dit que vous n'aviez pas régularisé les
affaires de la succession de M. Daliphare. Alors il m'a
demandé si vous étiez disposée à le faire, je lui ai répondu
affirmativement.

— Vous avez pris un pareil engagement sans me consulter, sans savoir quelles étaient mes intentions !

— Mon Dieu ! madame, c'était tout naturel.

— Vous trouvez cela naturel, s'écria-t-elle en se levant
et en marchant par le cabinet; vous trouvez naturel de

me forcer à faire un inventaire, à vendre mes propriétés, à payer au Trésor des droits exorbitants! Naturel! cela est naturel! Ah! non, mille fois non; cela est inacceptable, c'est un vol.

Elle marchait à grands pas, les bras croisés sur sa maigre poitrine.

— Chère madame, dit le notaire après un moment de silence, permettez-moi de vous expliquer votre situation légale.

Elle s'arrêta devant lui et le regardant en face :

— Ah! vous savez, vous... vous m'ennuyez à la fin avec votre loi.

— O madame, madame! ne vous emportez donc pas pour une chose si simple.

— Simple!

— Mais oui, simple. Voyez donc : Adolphe ne se marie pas, il n'y a pas d'inconvénients à rester dans l'état où vous êtes ; vous héritez seule de lui, il hérite seul de vous c'est parfait. Mais il se marie, il a des enfants, et la situation change aussitôt. Vous vous remariez...

— Ne dites donc pas de ces absurdités.

— L'absurde en affaires, c'est de ne pas tout prévoir. Mais je veux bien laisser cette supposition de côté et en prendre une autre. Vous perdez Adolphe et vous vous, trouvez en présence d'une belle-fille avec qui vous êtes mal. Vos droits réciproques n'ont pas été régularisés à l'avance, par les formalités dont je vous parle. Quelle source de procès alors! C'est la guerre acharnée, envenimée par vos sentiments d'hostilité personnelle. Au contraire, ces droits ont été légalement fixés; malgré cette hostilité, c'est la paix. Allons, je viendrai demain avec mon clerc, n'est-ce pas, et nous procéderons tout de suite à l'inventaire ?

— Non.

— Vous ne voulez pas que je vienne demain?

— Si, venez, mais n'amenez pas votre clerc. Avant de prendre une détermination, j'ai besoin de réfléchir.

Demain je vous ferai connaître cette détermination. Adieu, monsieur de la Branche, à demain.

Et elle le poussa vers la porte, marchant sur lui et le forçant ainsi à reculer vivement.

Arrivé dans le bureau du caissier, le notaire se retourna pour la prier de ne pas l'accompagner plus loin ; mais cette attention était inutile, madame l'avait abandonné sans même le conduire jusqu'à la fameuse raie, et déjà elle était rentrée dans son cabinet.

En voyant le notaire traverser seul les bureaux, la surprise des commis fut grande. Que s'était-il donc passé depuis la dernière visite ? Le mariage était-il manqué ?

Lutzius se chargea de répondre à ces questions et de satisfaire cette curiosité.

Pendant l'entretien de madame Daliphare et du notaire, un mot, un seul, lancé plus haut que les autres, était venu jusqu'à lui.

— On fait des conditions inacceptables à « madame », dit-il à Mayadas avec une discrétion diplomatique.

— Alors le mariage est manqué.

— Vous voulez en savoir trop ; je vous dis cela seulement pour ne pas laisser votre curiosité s'exaspérer. Mais ne m'en demandez pas davantage. Il y aurait indélicatesse de ma part à bavarder sur un pareil sujet. Inacceptable, voilà ce que vous pouvez tenir pour certain en ce moment. Quant au reste, attendez.

XXVII

Rentré chez lui, M. de la Branche fut sur le point d'écrire à Adolphe pour lui raconter ce qui venait de se passer : n'y avait-il pas cruauté à laisser le pauvre amoureux dans l'attente et l'inquiétude ?

Mais, après un moment de réflexion, il repoussa la feuille de papier qu'il avait déjà prise ; après tout, mieux valait lui laisser son inquiétude pendant quelques heures encore, que de compromettre le résultat définitif par une indiscrétion.

Le premier acte seul était joué, — Adolphe n'épousait pas mademoiselle Houdaille; restait le deuxième, — il épousait Juliette.

Il devait réserver pour celui-là tous les moyens qu'il avait en main.

C'était beaucoup d'avoir obtenu que madame Daliphare renonçât au mariage avec la jeune fille riche, mais ce n'était pas tout : il fallait maintenant la faire consentir au mariage avec la jeune fille pauvre.

Et pensant au succès de sa première négociation, il se frottait les mains. Ah! on l'avait appelé « sot »; eh bien, le « sot » n'avait pas trop mal manœuvré, et il pouvait justement s'applaudir de l'effet qu'il avait produit quand il avait parlé de quelques formalités à remplir, à savoir un inventaire, une licitation, et une liquidation. Et l'allusion aux fausses déclarations sur la valeur de la succession, est-ce qu'elle était d'un sot? Et la menace du triple droit qui avait fait faire une si jolie grimace à madame Daliphare, était-ce une niaiserie?

Mais tout cela n'était rien encore, et le sot ne serait tout à fait vengé que le jour où il présenterait la plume à madame Daliphare pour signer au bas du contrat de mariage d'Adolphe et de Juliette, — mariage amené à bien par la seule habileté de ce « sot ».

C'était la victoire qui lui restait maintenant à remporter, et le lendemain il se rendit rue des Vieilles-Haudriettes, confiant et joyeux, malgré la force de l'adversaire contre lequel il devait livrer cette dernière bataille.

Il fit une entrée modeste, digne d'un homme qui connaît sa valeur.

— Me voici tout à votre disposition, chère madame, dit-il en tendant la main à madame Daliphare, qui, plus roide que jamais, se tenait debout, appuyée d'un bras sur son pupitre.

— Vous êtes exact; ce mariage vous tient donc bien au cœur?

— Au cœur d'abord, cela est vrai; mais je dois avouer qu'il me tient encore autre part, à la caisse pour tout

dire. Trois ou quatre millions d'apport, sans compter les
donations, cela fait un beau contrat à inscrire au répertoire. Il ne faut pas vous dissimuler, ma chère madame
Daliphare, que j'aurai une assez belle note d'honoraires à
présenter à Adolphe ; car je vous connais et sais très bien
que vous ne voudriez pas me permettre de faire ce contrat
simplement par amitié.

— Assurément ; mais je vous engage à ne pas porter
d'avance ces honoraires au total de cette année.

— Et moi, madame, je vous engage à croire que toutes
les formalités que nous avons à accomplir seront termi-
nées avant la fin de l'année : je vous en donne ma parole.

— Il faudrait pour cela que je consentisse à leur accom-
plissement, et précisément je m'y refuse.

— Comment ! s'écria maître de la Branche, levant les
yeux au ciel, vous ne voulez pas de l'inventaire ?

— Je n'accepte ni l'inventaire, ni la licitation, ni la
liquidation.

Par un brusque mouvement il laissa retomber ses
mains, qui, en claquant sur ses cuisses, firent entendre un
bruit sec. Comme geste de théâtre, c'était très bien imité.

— Je vous ai demandé hier à réfléchir, poursuivit madame Daliphare ; j'ai réfléchi, et aujourd'hui, dans mon
calme et ma raison, je vous dis que ce mariage que vous
m'avez proposé ne peut pas se faire.

— Vous me voyez stupéfait, s'écria le notaire qui jouait
en effet la surprise par tous les moyens que lui offraient
ses souvenirs de théâtre.

— Ce que je vous dis est cependant bien naturel. Comment voulez-vous que je puisse accepter des exigences
aussi blessantes que celles de M. Houdaille ? Ma position
financière est bien connue, et vouloir la faire constater,
c'est la suspecter.

— Une mesure légale provient toujours d'une suspicion,
mais il y a suspicion et suspicion.

— Précisément, et celle dont je suis l'objet est double-
ment injurieuse, car elle m'atteint dans le présent et
dans l'avenir. Dans le présent, on me soupçonne de

vouloir dissimuler une partie de mon actif. Dans l'avenir, on me croit capable de voler ma belle-fille et mes petits-enfants. Si on a une telle idée de moi aujourd'hui que le mariage n'est pas fait, à quoi ne serai-je pas exposée lorsqu'il le sera? Aussi ne le sera-t-il jamais.

— Vous refusez mademoiselle Houdaille?

— Je la refuse.

— Mais c'est impossible. Où trouverez-vous jamais une famille qui, pour l'honorabilité, la position et la fortune, se rapproche des Houdaille? Où Adolphe trouvera-t-il une jeune fille plus charmante, mieux élevée que celle que je vous propose? Réfléchissez, je vous en prie, madame.

— J'ai réfléchi.

— Au moins laissez-moi vous présenter les raisons qui, selon moi, rendent ce mariage avantageux.

— Vos raisons fussent-elles éblouissantes, ce mariage fût-il mille fois plus avantageux qu'il ne le peut être, je ne me laisserais pas ébranler. Je vous ai dit que mon fils n'épouserait pas mademoiselle Houdaille, il ne l'épousera pas; vous entendez, il ne l'épousera pas! Jamais je ne reviens sur ce que je dis, vous le savez bien. M. Houdaille peut avoir ses exigences et parler du haut de ses millions; moi j'ai les miennes aussi, et je parle du haut de ma fortune, qui, quelle qu'elle soit, me donne le droit d'élever la voix. M. Houdaille m'a fait une injure; et je ne pardonne pas les injures.

— Je ne veux pas me faire l'avocat de M. Houdaille et plaider sa cause contre vous; cependant il m'est impossible de ne pas vous dire que je ne vois l'injure dont vous vous plaignez ni dans sa conduite ni dans sa demande. Il a pour vous la plus grande estime.

— C'est parce qu'il m'estime qu'il me soupçonne?

— Il ne vous soupçonne pas.

— Oui ou non, demande-t-il une constatation légale de ma situation et de celle de mon fils?

— Mais ce qu'il demande là, madame, tout père de famille le demandera comme lui; — j'entends tout père

de famille qui aura de la fortune. — Ah! s'il s'agissait
d'une jeune fille qui n'eût rien, ni présent, ni espérances,
ce serait bien différent. Si elle nous disait: « Quel est
votre avoir ? » nous serions en droit de lui répliquer : « Com-
mencez pour nous montrer quel est le vôtre. » Mais ce
n'est pas là l'espèce avec M. Houdaille. Il nous dit : « Ma
fille possède un million comme héritière d'une de ses
tantes ; de plus, je lui donne en dot cinq cent mille francs ;
total, quinze cent mille francs. Que nous présentez-vous
en échange ? » Nous répondons, ou plutôt la notoriété
publique répond pour nous : « Nos droits. — Quels sont-
ils ? » — « Nous ne jugeons pas à propos de les estimer,
et nous les portons seulement pour mémoire : tout le
monde sait qu'ils valent vos quinze cent mille francs. »
Jamais, au grand jamais, père de famille ou homme d'affaires ne se contentera d'une pareille réponse.

— C'est celle que je fais cependant.

— Eh bien, madame, jamais Adolphe n'épousera une
fille riche, parce que chaque fois qu'il se présentera, on
vous posera la même demande que M. Houdaille, et les
formalités que vous ne voulez pas accomplir aujourd'hui,
il faudra que vous les subissiez à ce moment.

— Ni maintenant ni jamais. Je ne veux pas d'inventaire, parce qu'il me déplaît de crier sur les toits le chiffre
de ma fortune ; je ne veux pas de licitation, parce qu'il
ne me convient pas de mettre en vente mes propriétés ;
je ne veux pas de liquidation, parce que tout ce que je
possède appartient à mon fils, et qu'un partage entre
nous est inutile. Cela est clair et net, n'est-ce pas ?

— En présence d'une telle déclaration, je ne me per-
mettrai pas d'insister. Je suis désolé que ce mariage ne
se fasse pas ; mais je ne dirai plus un mot en sa faveur, ni
à vous, madame, ni à M. Houdaille. Comment le pour-
rais-je ? D'un côté, je trouve que M. Houdaille est parfaitement fondé dans ses exigences ; et d'un autre, je ne
peux pas m'empêcher d'admirer votre force de volonté.
Il est certain qu'il y a de la grandeur dans votre parti
pris, de la fierté, de la dignité. Vous êtes ce que vous

êtes, vous n'admettez pas qu'on vous discute ; on doit vous connaître : c'est à prendre ou à laisser.

— Justement, dit madame Daliphare, relevant la tête et se redressant.

— Cependant mon admiration ne m'empêche pas de reconnaître que ce parti pris rendra difficile le mariage d'Adolphe, à moins qu'il n'épouse une femme sans fortune bien entendu, parce que, dans ce cas, comme on n'apporte rien, on ne peut rien demander en échange. C'est peut-être ce qui aura lieu.

— Je ne crois pas.

— Pourquoi donc ? Vous êtes assez riche pour n'avoir pas besoin que votre fils reçoive sa fortune d'une autre que de vous. Ce doit être une grande satisfaction de pouvoir enrichir ceux qu'on aime, et de se dire qu'ils tiennent tout de nous, de nous seul, sans partage. Je n'ai pas encore d'enfants, et par conséquent je ne connais pas la jalousie paternelle ; mais d'avance j'admets ce sentiment, que je trouve juste et naturel. N'est-il pas douloureux, quand on a élevé un enfant, quand on s'est sacrifié pour lui, de le voir nous échapper précisément à l'âge où il pourrait nous payer nos peines ? Qu'il se marie, c'est bien ; mais ce n'est pas seulement une femme qu'il prend, c'est une famille, c'est une fortune. Une confusion s'établit vite, et il ne sait bientôt plus ce qu'il doit à son père et ce qu'il doit à son beau-père. Cela ne vous paraît-il pas cruel ?

— Il ne faudrait donc pas permettre à nos enfants de se marier ?

— Si, au lieu d'une femme riche, ils épousent une femme pauvre, la situation change du tout au tout. Comme on n'a rien reçu, il n'y a pas de confusion possible. On n'a qu'un père, qu'une mère, ceux que la nature vous a donnés et non ceux qui s'imposent au nom de leur fortune. C'est à ce père, c'est à cette mère qui nous ont élevé que nous devons toute notre reconnaissance ; eux seuls ont autorité sur notre vie, eux seuls...

— Si vous étiez si convaincu de l'excellence de la

10

femme pauvre, interrompit madame Daliphare, pourquoi en avez-vous épousé une riche ?

— C'est parce que j'en ai précisément épousé une riche que je regrette la pauvre ; oui, madame, je la regrette.

Jusque-là le notaire avait parlé en étudiant ses paroles ; il changea de ton, et les mots jaillirent de ses lèvres avec véhémence et passion.

— Vous me voyez tous les dimanches à Nogent, chez mon beau-père ou chez vous. Eh bien ! j'ai cependant une mère, chez laquelle je serais heureux d'aller quelquefois et chez laquelle je ne vais jamais. Si je ne suis pas un pauvre expéditionnaire, c'est à ma mère que je le dois ; c'est elle qui m'a élevé, qui m'a instruit, et qui, au prix de mille sacrifices, de son travail, de sa santé, m'a mis à même de devenir un homme. Et cependant, aujourd'hui, pour la récompenser de ses peines et de son amour, je l'abandonne. Ce n'est pas de gaieté de cœur que je le fais ; mais, que voulez-vous ? j'ai épousé une femme riche, et je suis l'esclave de ma femme et de la famille de ma femme. On m'a acheté, je me suis vendu : je n'ai qu'à obéir. Si j'ai jamais un enfant, il est convenu qu'il ne s'appellera pas du charmant nom de Madeleine, qui est celui de ma mère, mais de l'horrible nom de Colombe, qui est celui de ma belle-mère. On me reproche déjà de ne pas en avoir un, et l'on trouve que je suis un singulier mari. Chez moi, que dis-je, chez moi ? je n'ai pas de chez moi, chez ma femme, c'est mon beau-père, c'est ma belle-mère qui commandent ; je mange ce qu'ils aiment, je reçois ceux qui leur plaisent. On ne supporte ma mère que quand nous serions treize à table ; elle fait la quatorzième, et encore ne dois-je pas la mettre près de moi. A ma droite, invariablement, éternellement, ma belle-mère ; à ma gauche, une étrangère ; ma mère, n'importe où, dans le courant d'air. Un jour elle a cassé une carafe, achetée, payée par ma belle-mère, et ce moment-là a été un des plus douloureux de ma vie. De en temps en temps, il est vrai, je me révolte ; mais en fin de compte c'est à ma mère qu'on fait payer mes tentatives d'indépendance. Comprenez-vous maintenant, chère madame, pourquoi je regrette de n'avoir pas épousé une femme sans fortune ? ma mère et moi ne serions-nous pas plus heureux ? Quand il n'y aurait que le plaisir d'être ensemble ; pour elle cela ne serait-il pas plus doux que de passer ses dernières années dans la solitude et le chagrin, n'ayant plus de fils ? Mais pardonnez-moi cette explosion de plaintes : vous avez mis la main sur un endroit qui m'est si douloureux, que je n'ai pas pu m'empêcher de crier.

— Je ne vous savais pas si bon fils, monsieur de la Branche ; je suis heureuse de voir Adolphe lié d'amitié avec un homme tel que vous. Quand vous viendrez à Nogent, nous parlerons de votre mère, n'est-ce pas ?

XXVIII

M. de la Branche pouvait maintenant raconter sa négociation à Adolphe ; cependant il ne le fit point encore.

Cette négociation n'avait point en effet marché suivant le plan qu'il s'était formé à l'avance. Il s'était laissé entraîner. Les nuances n'avaient point été ménagées. Et son plaidoyer en faveur de la fille pauvre, succédant brusquement à la rupture du mariage avec la fille riche, avait dû surprendre madame Daliphare.

Si Adolphe venait maintenant demander à sa mère son consentement pour épouser Juliette, la surprise de madame Daliphare pourrait très bien se changer en suspicion. Elle était prompte au soupçon d'ordinaire, et, dans les circonstances présentes, il fallait bien peu de chose pour qu'elle crût à un accord avec Adolphe.

Il n'aurait pas dû intervenir directement, et il aurait mieux fait de rester enfermé dans des généralités en les effleurant légèrement. Par malheur la passion l'avait emporté sur la prudence. Il en avait été de lui comme des comédiens qui, entrant en scène sous le coup d'une douleur personnelle analogue à celle qu'ils vont représenter, oublient leur rôle, croient à la réalité des sentiments qu'ils expriment, et pleurent de vraies larmes : l'art est sacrifié à la nature, et, comme ils n'ont plus de direction, c'est le hasard qui les rend exécrables ou sublimes.

Avait-il été exécrable, avait-il été sublime ? là était la question.

Et, comme il n'avait pas d'inductions pour la résoudre, il trouvait qu'il ne fallait rien brusquer, et prendre toutes les précautions pour ne pas éveiller les soupçons de madame Daliphare ou, s'ils étaient éveillés, pour les laisser se calmer.

Dans le silence de la réflexion, elle pèserait les avantages qu'il y avait pour elle, pour sa jalousie maternelle, pour son besoin d'autorité, pour son orgueil, à un mariage avec une femme qu'elle pourrait dominer, et, quand Adolphe ferait sa demande, il aurait plus de chance d'être favorablement écouté que s'il parlait tout de suite. Il se serait fait dans le cœur de la mère un travail mystérieux qui profiterait aux projets du fils, et les arguments dont il se servirait pour plaider sa cause auraient d'autant plus de force qu'ils se seraient déjà présentés à l'esprit de madame Daliphare.

Il laissa donc Adolphe dans l'attente, et ce fut seulement le dimanche suivant qu'il lui raconta ce qui s'était passé, ce qu'il avait dit et ce qu'il avait fait.

— Vous avez vraiment traité cette question de mariage avec M. Houdaille ? dit Adolphe fort surpris.

— Croyez-vous que j'ai inventé une scène de comédie et que je me suis moqué de votre mère ? Il n'y a pas un mot dans mon récit qui ne soit vrai.

— Et si ma mère s'était rendue aux exigences de M. Houdaille ?

— Eh bien ! vous auriez épousé.

— De la Branche !,..

— Ne vous fâchez pas ; je ne vous ai exposé à aucun danger, et, s'il y a du mérite à avoir combiné cette affaire, c'est précisément en vous mettant à l'abri de tous risques. Je connaissais les personnages : d'un côté, je savais que

M. Houdaille serait entier dans ses exigences, et d'un
autre, je savais que votre mère serait absolue dans sa résistance. Les choses ainsi engagées ne pouvaient donc pas
aboutir. Maintenant votre mère est convaincue par expérience (ce qui est la meilleure des preuves) que pour vous
marier à une femme riche, elle devra se conformer à
certaines formalités dont elle ne veut à aucun prix.

— C'est vrai, cela?

— Ah! ah! vérité relative. Sans doute on trouverait
des pères de famille qui seraient très heureux de nous
donner leur fille, malgré l'irrégularité de notre situation,
car cette irrégularité est plus apparente que réelle : si
vous restez indivis avec votre mère, cette indivision est
composée de bons morceaux ; mais enfin, dans l'espèce,
il suffisait que M. Houdaille ne voulût point de cette indivision. Là-dessus j'ai présenté une régle générale que
votre mère me parait accepter pour le moment. Hâtez-
vous de saisir l'occasion aux cheveux. Et maintenant,
bonne chance. A vous, mon ami, de faire le reste.

— Faire le reste ! Vous en parlez vraiment bien à votre
aise.

— Faut-il que je me marie pour vous? La chose en soi
n'a rien qui m'effraye; seulement, c'est ma femme qui ne
serait pas contente.

— Je n'ai pas envie de plaisanter.

— Vous avez tort. La vie est triste ; si nous n'y intro-
duisons pas un fonds de gaieté que nous prenons en
nous, elle devient lugubre. Il faut être gai, mon ami,
pour soi et pour les autres ; la mélancolie engendre tous
les crimes, non seulement chez nous, mais encore chez
ceux qui nous approchent. Que voulez-vous que fasse une
femme dont le mari voit tout en jaune ou en gris ? Elle
emprunte les lunettes roses ou bleues de son voisin, c'est
fatal. N'oubliez pas cette loi, vous qui allez vous marier.

— Ce mariage n'est pas encore fait.

— Pas de gaieté, pas de confiance en soi, pas de volonté, et vous voulez chanter les ténors ?

— Vous avez raison. Mais, que voulez-vous? ce n'est

pas toujours un bonheur de trouver son chemin tracé quand on entre dans la vie. C'est ce qui m'est arrivé. La volonté ne s'est point développée en moi, parce que je n'ai jamais eu besoin de me servir de ma volonté. On voulait pour moi, et je me laissais pousser. Il m'était commode de m'épargner l'effort de la fatigue : c'est une habitude qu'on prend facilement, mais qui est dure à perdre. Aujourd'hui il me faut vouloir, et cela m'est pénible. Je me trouve gauche, maladroit, embarrassé, sans initiative, sans persévérance. Et ce qui aggrave encore ma position, c'est que cette volonté, à peine née, doit être plus forte que celle qui jusqu'à ce jour m'a dirigé et dominé. Ma mère n'a pas obtenu le résultat qu'elle cherchait.

— Hé ! hé ! dit le notaire, il me semble au contraire que madame Daliphare n'a pas mal travaillé au moins pour elle, car vous voilà entre ses mains, sans oser vous échapper.

— J'avoue qu'avant d'entrer en lutte ouverte, j'éprouve un sentiment d'appréhension, sinon d'hésitation. C'est un assaut qu'il me faut livrer maintenant, et, si bien ébranlées que soient les défenses dont ma mère s'enveloppait, elles peuvent encore opposer une résistance invincible.

— Cela n'est pas probable. Sans doute madame Daliphare a pendant longtemps caressé l'idée de vous faire épouser une dot plutôt qu'une femme, mais elle pourrait bien avoir changé d'avis. L'expérience des Houdaille l'a touchée au vif, et, d'un autre côté, les avantages qu'il y a pour vous, c'est-à-dire pour elle, à un mariage avec une jeune fille pauvre, doivent lui apparaître depuis quelques jours sous un aspect qu'elle ne soupçonnait pas.

— Enfin si ma mère persiste dans sa résistance ?

— C'est à vous qu'il appartient de savoir ce que vous devez faire.

— Vous parlez ainsi parce que vous me croyez un homme raisonnable, capable de garder son jugement et son sang-froid dans une lutte. Eh bien, je ne suis pas cet homme-là. Raisonnable, je le suis avant la lutte, quand

je pèse le pour et le contre ; dans l'action, je suis un fou
furieux. Vous croyez pouvoir me juger parce que vous
m'avez vu et connu dans le monde, à un âge et dans des
conditions où tout naturellement l'on observe ; si vous
m'aviez connu enfant, vous sauriez qu'il y a en moi de la
brute et du sauvage. Au collège, j'avais un ami de deux
ans plus vieux que moi ; nous étions inséparables. Après
trois années d'une intimité étroite, mon ami tout à coup
s'éloigna de moi pour se lier avec un nouveau qui me
remplaça dans son affection. Une querelle s'ensuivit, qui
devint un duel terrible ; si on ne nous avait pas séparés,
j'aurais tué mon ami. J'avais perdu la tête et ne savais
pas ce que je faisais.

— Avoir perdu la tête, ce n'est pas une circonstance
atténuante pour des jurés.

— Enfin on le retira de mes mains à moitié mort, plein
de sang, et il en fut malade pendant deux mois.

— Vous n'êtes plus un collégien et votre mère est votre
mère.

— Cela est vrai ; cependant je redoute les suites d'une
discussion. Plus d'une fois déjà je me suis soumis à la
volonté de ma mère, et si alors j'ai paru avoir la faiblesse
d'un mouton, c'est que j'avais peur d'avoir la férocité d'un
loup. Cela est arrivé notamment quand j'ai voulu entrer
à l'école navale : je m'étais mis dans la tête d'être marin.
Etait-ce une fantaisie, un caprice d'enfant ? était-ce une
vocation ? Les deux probablement. Quoi qu'il en fût, ma
mère ne voulut pas m'exposer aux aventures de la vie
maritime ; elle tenait à me garder près d'elle et à m'imposer le commerce, parce que le commerce c'était elle. Je
cédai, mais après une vraie bataille, et si ma mère ne
m'avait arrêté, à deux heures du matin, dans l'escalier, je
partais pour le Havre, où je m'embarquais. Aujourd'hui
il ne s'agit plus d'un caprice d'enfant, mais d'une passion
profonde ; aujourd'hui je ne me laisserais plus retenir, si
je descendais une seule marche de la maison maternelle.
Les moutons, eux aussi, sont sujets quelquefois à des
accès de courage ou de folie, et alors ils ne savent plus

ce qu'ils font. Comprenez-vous maintenant mes hésitations et mes réflexions?

— Très bien; seulement je vous avoue qu'elles m'étonnent chez un amoureux : je croyais que le propre de la passion était de supprimer précisément l'hésitation et la réflexion. N'est-il pas singulier que je parle comme un amant, tandis que vous, vous parlez comme un notaire?

— Je parle en homme qui ne pense pas seulement au présent, mais qui a encore souci de l'avenir. Il ne s'agit plus pour moi maintenant de dire à ma mère : « Je voudrais épouser Juliette », mais bien : « Je veux Juliette pour femme. » Si ma mère me refuse son consentement, je dois passer outre et me marier quand même.

Le notaire secoua la tête.

— Vous ne croyez pas que ma mère persiste jusque-là? continua Adolphe; c'est possible. Mais, d'un autre côté, il est possible aussi que ce mariage, fait contrairement à sa volonté, l'exaspère contre Juliette. Je ne veux pas que ma femme soit une belle-fille pour ma mère, je veux qu'elle soit une fille. Ces sentiments de tendresse filiale, je suis certain que Juliette les éprouvera pour ma mère, mais c'est à condition que celle-ci l'acccueillera comme sa fille. Qu'arrivera-t-il si au contraire elle l'accueille comme une étrangère, comme une ennemie? quelle serait ma vie entre ma mère et ma femme, guerroyant l'une contre l'autre? quelle serait la leur? Ai-je le droit, en vertu de mon amour, d'imposer un pareil enfer à ma mère et à Juliette?

— Tout ce que vous me dites là, interrompit le notaire, est parfaitement raisonné; seulement permettez-moi de vous faire observer que c'était avant de devenir amoureux de mademoiselle Nélis qu'il fallait vous faire ces objections. Vous saviez alors, comme vous savez maintenant, qu'elle était sans fortune; vous saviez que votre mère serait opposée à un mariage avec elle. Il fallait vous arrêter.

— Croyez-vous qu'on enraye son cœur comme une voiture, et qu'il y a des freins pour les passions que la raison serre ou ne serre pas à volonté? Ce n'est pas librement que j'ai aimé Juliette, et ce que j'ai pu faire pour remonter la pente dangereuse sur laquelle je glissais, je l'ai fait. Rien n'a pu me retenir. Aujourd'hui je suis au fond du gouffre.

— Et bien! il faut en sortir. Comme le maître d'école, je pourrais vous faire une longue harangue pour vous démontrer que vous avez eu tort :

> .... Ah! le petit babouin!
> Que les parents sont malheureux qu'il faille
> Toujours veiller à semblable canaille!

J'aime mieux vous tendre la perche pour vous tirer de votre gouffre. Le mariage manqué avec mademoiselle Houdaille vous ouvre une porte pour entretenir madame Daliphare de votre mariage avec mademoiselle Nélis; faites-le franchement en posant la question telle qu'elle doit l'être. « Vous aimez mademoiselle Nélis et vous voulez l'épouser. » Vous verrez ce qu'on vous répondra. Je n'ai pas la prétention de prédire l'avenir; mais, si je ne suis pas un sot, je crois pouvoir affirmer que cette réponse ne sera pas celle que vous redoutez. En tous cas, essayez, et si vous ne vous sentez pas la force de reprocher à votre mère d'avoir voulu vous faire épouser mademoiselle Houdaille, tombez sur moi et arrangez-moi de la bonne façon pour m'être mêlé de ce qui ne me regarde pas. Il ne sera pas mauvais de m'adresser quelques injures, d'avance je vous les pardonne.

XXIX

Cet entretien brisa les dernières attaches qui retenaient Adolphe.

Le moment était venu de prendre une résolution définitive dans un sens ou dans l'autre : ou il fallait renoncer à Juliette, ou il fallait l'obtenir coûte que coûte et de haute lutte.

Renoncer à Juliette, il ne le pouvait pas; car l'effet naturel de tous ces retards et de tous ces obstacles avait été d'accroître son amour. Maintenant c'était une possession complète, une obsession de tous les instants.

Il fallait donc qu'il posât formellement à sa mère la question du mariage.

Il n'y avait ce dimanche-là que quelques convives à Nogent; il attendit qu'ils fussent partis. Puis, quand sa mère eut refermé la cave aux liqueurs et transvasé en demi-bouteilles les bouteilles de vin dont on n'avait bu que quelques verres, quand elle eut remplacé dans les flambeaux et dans les candélabres des bouts de bougie à moitié brûlés par des bougies neuves, quand elle eut compté les nappes et les serviettes qui avaient servi au dîner; quand elle eut fureté partout, visité, vérifié chaque chose, jaugé de l'œil ou noté d'une marque particulière ce qui restait dans chaque plat; enfin quand elle eut accompli sa besogne de tous les soirs, il la rejoignit dans sa chambre.

— Tu n'es pas encore couché? dit-elle en examinant sa mine sombre.

— Non, je me suis promené dans le jardin en attendant que tu eusses fini.

— Par le brouillard qu'il fait ce soir, tu as eu tort; tu n'as aucune précaution.

— Oh! maman, je ne suis plus un enfant.

— Malheureusement, car tu m'écouterais quand je te recommande quelque chose, et tu ne t'en trouverais pas mal.

— Je t'assure que je regrette beaucoup de n'être plus un enfant, car je n'aurais pas d'autre volonté que la tienne, et pour tous deux, pour toi comme pour moi, cela vaudrait mieux. Mais enfin il ne peut pas en être ainsi : il arrive un âge où l'on a besoin de vivre d'une vie indépendante et personnelle.

— Où veux-tu en venir, car tu ne me dis pas cela à propos de mon observation sur le brouillard?

— Je te dis cela à propos d'un entretien que j'ai eu tantôt avec de la Branche.

— C'est donc cela qui t'a donné ce visage contrarié pendant le dîner, c'est à peine si tu as daigné prononcer deux ou trois paroles ?

— Je réfléchissais, et mes réflexions n'étaient pas gaies. De la Branche m'a appris qu'il s'était occupé d'un mariage pour moi ; il m'a dit qu'il t'avait soumis son projet, qui n'a échoué que parce qu'on t'a posé des conditions inacceptables.

— Eh bien ! en quoi ce projet de mariage peut-il te contrarier, puisqu'il n'a pas abouti ?

— Ce qui me contrarie, ce qui me blesse, c'est qu'on s'occupe de mon mariage sans savoir si je veux me marier. Que de la Branche prenne cette liberté avec moi, cela s'explique dans une certaine mesure : il est notaire et il fait passer la question d'honoraires avant la question de convenances ; il n'a pas souci d'un bon mariage, il ne voit qu'un beau contrat. Dans les conditions d'intimité où nous sommes, c'est là un étrange procédé que j'ai relevé comme il le mérite.

— M. de la Branche a agi dans ton intérêt.

— Il a cru agir dans mon intérêt, et c'est là son excuse. Mais toi, tu n'as pas pu te placer au même point de vue que de la Branche. De la Branche n'a considéré qu'une chose : mademoiselle Houdaille est jolie, elle a une grosse dot, sa famille est honorable, c'est une femme pour Adolphe... Voilà quel a été son raisonnement.

— Il n'était pas si mauvais.

— Il n'était pas si mauvais pour quelqu'un qui me croyait libre, et c'était le cas de de la Branche. Ce n'était pas le tien, maman, et c'est là ce qui me peine.

— En quoi n'es-tu pas libre ?

— Tu le sais très bien, et il me semble qu'il n'était pas nécessaire de m'obliger à te dire que, connaissant mon amour pour Juliette, tu ne devais pas penser à me faire épouser mademoiselle Houdaille.

— Je ne devais pas ! Toi ! tu me parles sur ce ton ?

— Crois-tu que je n'en sois pas désolé ? Mais à qui la faute ? Devais-tu écouter de la Branche quand il t'a parlé

de mademoiselle Houdaille ? Ah ! si tu lui avais fermé la
bouche, quelle n'eût pas été ma reconnaissance ! Mais tu
n'as pas pensé à ma reconnaissance, n'est-ce pas ? et tu
n'as eu souci que de mon obéissance. Tu as cru que parce
que tu m'aurais choisi une femme réunissant les qualités
que tu désirais, je devrais l'accepter. Jusqu'à ce jour, je
t'ai obéi dans tout ce que tu as voulu : je devais donc
t'obéir encore.

— Ai-je jamais voulu autre chose que ton intérêt ?

— Je ne dis pas le contraire, seulement il arrive un
âge où l'on demande à vouloir soi-même. Quand, pendant
ces dernières années, je voyais des parents s'obstiner à
vouloir faire quand même le mariage de leurs enfants, je
me disais que je ne serais jamais exposé à ce danger.
Alors, pensant à cela, j'étais fier d'avoir une mère telle
que toi, que son intelligence plaçait au-dessus des fai-
blesses et des travers des autres. Aujourd'hui le désap-
pointement m'est cruel de voir combien je m'étais trompé.

Il parlait lentement, sans emportement, mais avec une
amertume que madame Daliphare ne connaissait pas, et
qui était d'autant plus éloquente que les efforts qu'il
faisait pour se contenir étaient plus visibles.

— J'aurais tant désiré, dit-il en continuant, trouver en
toi, à propos de mon mariage, cette grandeur de vue et
cette supériorité de jugement que tu montres dans tout ;
et puis j'aurais été aussi bien heureux que ta tendresse
maternelle t'élevât jusqu'à l'abnégation.

— L'abnégation doit-elle aller jusqu'à te laisser épouser une femme qui n'est pas digne de toi ?

— Oh ! mère, ne parle pas ainsi ; tu sais bien que ce
que tu dis là n'est pas juste. En quoi Juliette ne serait-
elle pas digne de moi ? quels reproches a-t-on à lui
adresser ? En dehors de son manque de fortune, quels
griefs peux-tu avoir contre elle ?

— J'en ai de toutes sortes.

— Que tu ne peux pas préciser.

— Quand ce ne serait que son genre de vie et sa liberté ;
ces habitudes d'artiste ne sont pas d'une honnête femme.

— Quelle liberté ? Tu sais bien que sa mère ne la quitte jamais.

— Pour moi cela ne signifie rien : les mères d'artistes, au lieu de protéger la pureté de leur fille, développent tout simplement leur habileté et leur fausseté. Pour tromper sa mère, on acquiert des qualités (si cela peut s'appeler des qualités) qui servent plus tard à tromper le mari.

— Nous ne pouvons pas engager de discussion à ce sujet ; je vois tout en beau dans Juliette, tandis que toi tu vois en elle tout en mal. Quand j'ai commencé cet entretien, j'avais arrêté en moi-même de ne te dire que quelques mots, qu'il faut absolument que tu entendes pour empêcher des projets, comme celui qui vient d'échouer, de se renouveler. Les voici...

Madame Daliphare se cacha la tête entre ses mains. Adolphe dut s'arrêter. Il n'avait jamais vu pleurer sa mère, et il croyait que la douleur comme la joie passaient sur elle sans la troubler. Quand, après un moment de silence, elle abaissa ses mains, elle montra ses yeux rougis.

— Tu demandes quels reproches j'ai à adresser à Juliette ? dit-elle d'une voix plaintive. Les voilà, mes reproches : ce sont ces larmes qu'elle m'arrache par tes mains. Aurais-je jamais pensé qu'un jour tu me ferais pleurer et que tu pourrais me parler comme depuis un quart d'heure tu me parles ? Tu sens si bien ton injustice que tu n'oses pas me regarder. Si tu en es déjà là maintenant, que serais-tu après quelques années de mariage ?

— Si tu es blessée de mes paroles...

— De ton attitude plus encore que de tes paroles, car je reconnais que tu t'es efforcé de ne pas te laisser emporter ; mais c'est cette contrainte qui précisément m'épouvante en me montrant quels changements se sont faits en toi. Est-ce qu'autrefois nous aurions pu discuter ainsi froidement, l'un en face de l'autre, comme deux étrangers ? est-ce qu'autrefois tu ne serais pas venu m'embrasser ?

Il ne bougea pas.

— Autrefois, quand tu m'imposais ta volonté, dit-il, je cédais sans souffrir, parce qu'en réalité il m'était assez indifférent de prendre tel ou tel parti ; il suffisait que tu voulusses une chose pour que j'eusse plaisir à le faire.

— Les temps sont changés.

— C'est-à-dire qu'aujourd'hui ce que tu veux ne m'est plus indifférent, et je résiste. C'est de ma vie qu'il s'agit, c'est de mon bonheur, je les défends. Alors, comme tu trouves en moi une résistance à laquelle tu n'es pas habituée, tu te fâches, et au lieu de comprendre les raisons qui me déterminent, tu fais remonter la responsabilité de cette résistance à Juliette, qui en est innocente.

— Innocente ?

— Oui, innocente. Tu crois peut-être que Juliette, séduite par ta fortune, m'attire à un mariage pour s'enrichir.

— Je crois que Juliette est sensible aux avantages qu'il y aurait pour elle à devenir ta femme.

— Eh bien ! tu te trompes ; elle n'est point séduite par ces avantages.

Madame Daliphare fit un geste de doute.

— Je comprends que tu doutes, cependant les choses sont ainsi. La vérité est celle-ci, et je te jure que je n'exagère et ne cache rien : j'ai dit à Juliette que je l'aimais, et je lui ai demandé de devenir ma femme ; elle m'a répondu qu'avant de se prononcer il fallait qu'elle fût certaine que tu n'étais pas opposée à ce mariage. Comme depuis ce moment ton opposition n'a pas faibli, il n'y a pas eu entre elle et moi une parole échangée à ce sujet. Tu vois donc que ces accusations dont tu la charges sont injustes.

— Tu l'aimes, et c'est parce que tu l'aimes que je ne retrouve plus en toi le fils que j'ai élevé.

— Il est vrai que je l'aime, mais cet amour n'a changé en rien mes sentiments pour toi. En voici la preuve : je pourrais te dire que je veux épouser Juliette, et que, si tu ne consens pas à ce mariage, je ne subirai pas ta volonté. D'autres peut-être agiraient ainsi à ma place et se laisseraient entraîner par leur amour ; je ne me laisserai pas entraîner par le mien. Jamais je n'épouserai Juliette malgré toi ; mais jamais, si tu ne consens pas à me la donner pour femme, je ne me marierai. Voilà ce que je voulais te dire en deux mots, lorsque je suis entré ici, et ce qui, de parole en parole, a été retardé jusqu'à présent. Je ne t'imposerai pas une belle-fille que tu repousses : mais, par contre, je te demande de ne pas m'imposer une femme que je n'aurai pas choisie. Que des tentatives comme celle que vient de risquer de la Branche ne se renouvellent donc pas ! J'épouserai Juliette ou je n'épouserai personne. Si tu ne crois pas pouvoir l'accepter pour ta fille, persiste dans ta résistance : je subirai ta volonté sans me plaindre. Si au contraire tu es touchée par mon amour, si tu veux mon bonheur, si tu te laisses séduire par Juliette, nous te payerons en tendresse et en reconnaissance le sacrifice de tes projets ambitieux. Tu me disais dernièrement que ta vie était dans mes mains, je te répète aujourd'hui la même chose : que ma vie soit ce que tu voudras, heureuse ou malheureuse.

Il fit quelques pas vers la porte ; mais bientôt il s'arrêta et revint vers sa mère.

— Quand j'étais petit et que tu m'avais grondé, tu venais m'embrasser dans mon lit ; aujourd'hui c'est moi qui viens t'embrasser. Adieu, maman ; bonne nuit.

XXX.

Malgré le souhait de son fils, madame Daliphare passa une fort mauvaise nuit.

Lorsque Adolphe fut sorti de sa chambre, elle ne se coucha point ; mais, ouvrant une fenêtre, elle s'accouda sur le balcon pour respirer.

Elle étouffait : jamais elle n'avait éprouvé pareille surprise, et elle se demandait si celui qui venait de lui parler était bien son fils.

Ce qui plus que tout la stupéfiait, c'était le calme qu'il

s'était imposé pendant ce long entretien. Il se fût laissé
emporter, il eût crié, il eût eu des accès de colère, il eût
prié, il eût pleuré : elle aurait admis ces violences et, lors
même qu'elle aurait dû en souffrir, elle les eût pardon-
nées. Mais ce calme, cette froideur, cette possession de
soi-même, ce langage raisonné, l'avaient dérouté, et
maintenant ils l'effrayaient.

Il était donc bien sûr de lui, bien maître de sa résolution, que rien ne le troublait.

Quels progrès cet amour avait faits en quelques mois
et comme on était loin maintenant de l'époque où
Adolphe n'osait le confesser ! Quelle distance entre le
temps où il rougissait en avouant qu'il avait de l'amitié
pour Juliette, et cette soirée où il déclarait résolument
qu'il la voulait pour sa femme.

Il est vrai qu'il voulait bien en même temps prendre
l'engagement de ne pas l'épouser contrairement à la volonté de sa mère ; mais combien cet engagement durerait-
il ? n'arriverait-il pas un moment où, lui aussi, serait emporté ?

Alors que se passerait-il ? Adolphe, qui se défendait
maintenant de vouloir jamais recourir aux moyens que la
loi lui donnait, garderait-il ce dernier respect ?

S'il l'oubliait, il faudrait bien alors qu'elle cédât, et
sans bénéficier en rien de ce sacrifice forcé.

Madame Daliphare n'était pas femme à s'arrêter avant
d'avoir été au fond des choses, et, si pénibles que pussent
être les découvertes qu'elle s'attendait à trouver, elle pré-
férait encore la certitude au doute.

Elle porta son clair regard jusqu'au fond de la situation
qui venait de se découvrir, et froidement, méthodiquement elle en calcula les bons et les mauvais côtés, c'est-
à-dire ceux qui se présentaient tels pour elle.

Il ne lui fallut pas longtemps pour voir que les chances
n'étaient pas égales, et que, pour une qui était en sa faveur, dix étaient contre elle.

Avec une pareille proportion, il était donc à peu près
certain qu'un jour ou l'autre Adolphe, irrésistiblement

entraîné par sa passion, comme il l'avait déjà été, épouserait Juliette. De même qu'il avait trouvé des raisons pour justifier son amour à ses propres yeux et le confesser hautement, de même il en trouverait pour légitimer son mariage.

Elle aurait donc Juliette pour belle-fille, ce n'était plus qu'une affaire de temps.

Dans ces circonstances, quel parti prendre ?

Il ne s'en présentait que deux : ou bien il fallait attendre et laisser marcher les choses en comptant sur les heureux hasards que le temps peut amener, ou bien il fallait se résigner tout de suite à ce mariage.

Tout ce qu'elle voudrait tenter en dehors de ces deux voies était inutile et illusoire : l'expérience, en parlant comme elle l'avait déjà fait, avait clairement démontré que tout effort pour détourner Adolphe de son amour serait vain ; au lieu de l'éloigner de Juliette, on l'en rapprocherait.

Si l'attente avait dû amener un refroidissement dans cet amour, madame Daliphare eût pris avec bonheur le parti de l'attente, qui n'eût été en réalité que la continuation de l'état de choses qui durait depuis longtemps déjà. Mais comment compter sur ce refroidissement ? Sans être savante ou expérimentée dans tout ce qui touche à l'amour, elle sentait que ce n'est pas quand un désir est contrarié qu'il s'affaiblit ; exaspérée par les difficultés, la passion d'Adolphe ne pouvait aller qu'en augmentant, jusqu'au jour où elle briserait le dernier lien qui la retenait encore aujourd'hui.

D'un autre côté, on pouvait aussi, il est vrai, compter que Juliette, blessée dans sa dignité en voyant la répulsion qu'elle inspirait, repousserait Adolphe et prendrait un autre mari ; mais si cette probabilité se présenta à l'esprit de madame Daliphare, ce fut sans le toucher. Ce n'était pas elle qui pouvait admettre qu'une jeune fille sans fortune renoncerait jamais à l'avantage d'un mariage avec Adolphe. Pour s'arrêter à cette idée, il eût fallu plus d'humilité qu'elle n'en avait.

L'attente ne pouvait donc avoir pour résultat que le mariage, mais ce mariage dans des conditions tout à fait mauvaises.

Adolphe sans doute n'en voudrait point à sa mère des empêchements qu'elle aurait mis à son mariage, et ce mariage fait, il oublierait les difficultés qui l'avaient retardé : il était dans sa nature un peu molle de ne pas se souvenir. Mais Juliette aurait-elle l'oubli et le pardon aussi faciles ?

Là était le danger de cette attente, et un danger sérieux pour l'avenir, qu'il n'était pas prudent de vouloir dissimuler.

Madame Daliphare avait trop longtemps vécu avec Juliette pour ne pas savoir que le sentiment qui dominait en elle et qui dirigeait son caractère, c'était la fierté. Dans une vie rendue facile par la fortune, cette fierté native se fût problablement portée sur les mille petites choses qui constituent ce que dans le monde on est convenu d'appeler l'honorabilité ; mais sous l'aiguillon de la pauvreté, elle s'était concentrée sur un seul point, — la dignité personnelle.

Poussant le souci de cette dignité jusqu'à l'extrême, il était certain que Juliette devait souffrir de voir son mariage avec Adolphe combattu ; c'était une blessure à son amour-propre, qu'il était imprudent d'exaspérer si on voulait la cicatriser un jour.

Et, si le mariage devait arriver, il fallait que cette cicatrice s'opérât ; car, à aucun prix, madame Daliphare n'eût voulu vivre en hostilité avec sa belle-fille.

Pendant que son esprit marchait ainsi de déductions en déductions, madame Daliphare était restée accoudée sur son balcon, les yeux perdus dans la nuit sombre. Arrivée à ce point, elle se releva vivement et se rejeta en arrière : il lui semblait qu'elle était au bord d'un abîme, et qu'un pas de plus en avant la faisait rouler dans un gouffre sans fond.

Elle revint dans sa chambre et remonta sa lampe, qui menaçait de s'éteindre ; la clarté dissipa l'émotion qui venaît de l'étreindre et de la troubler si douloureusement.

Elle s'assit alors sous la lumière et reprit son raisonnement au point même où elle l'avait interrompu : ses nerfs gardaient encore une certaine irritation causée par l'ébranlement qu'ils avaient reçu ; mais elle n'était pas femme à s'abandonner à ses nerfs, et elle se rendit promptement maîtresse d'elle-même, de sa raison et de sa volonté.

La conclusion à tirer des différentes déductions par lesquelles elle avait cheminé était double : le mariage d'Adolphe et de Juliette devait se faire un jour ; dans l'intérêt de leurs relations à venir, il ne fallait pas qu'il parût se faire malgré elle.

Si elle n'avait obéi qu'aux exigences de sa maternité, elle eût voulu qu'Adolphe ne se mariât jamais : elle l'aurait ainsi gardé pour elle seule dans une intimité jalouse, qui n'eût souffert personne entre la mère et le fils. Mais chez elle les exigences du sentiment se mêlaient toujours aux exigences des intérêts, et c'était bien souvent ces dernières qui l'emportaient. Or les exigences de ses intérêts voulaient impérieusement qu'Adolphe se mariât. N'était-ce pas le seul moyen d'avoir un petit-fils, c'est-à-dire un héritier de la fortune qu'elle avait gagnée ?

Pendant longtemps elle avait caressé le rêve de le marier à une femme riche, mais ce qui venait de se passer à propos du projet Houdaille lui avait donné à réfléchir, et, d'un autre côté, les observations du notaire n'avaient point été perdues pour elle.

Jamais elle ne s'exposerait maintenant à subir des demandes pareilles à celles qui lui avaient été adressées ; jamais elle ne ferait connaître le chiffre exact de sa fortune ; jamais elle ne partagerait ce qu'elle possédait avec son fils. Elle lui donnerait tout volontiers, mais ce serait de son plein gré et dans des conditions telles qu'il fût bien entendu que c'était elle qui donnait et non la loi.

Arrêtée à ces idées, qui chez elle étaient articles de foi, elle devait donc renoncer à son rêve de la femme riche, et dès lors il lui fallait se contenter de la femme pauvre.

Sans doute, entre la richesse et la pauvreté il y avait un juste milieu ; mais elle n'était pas la somme des demi-mesures, et une jeune fille qui ne lui apporterait en dot que quelques centaines de mille francs, et par conséquent n'aurait pas les exigences des Houdaillo, n'était pas pour lui plaire.

Ce qu'il lui fallait, c'était tout ou rien : — une fortune qui, jointe à la sienne, donnât à son fils une grande position, — ou bien une pauvreté absolue qui plaçât sa belle-fille dans sa dépendance la plus étroite.

L'une ou l'autre de ces deux femmes pouvait, en effet, satisfaire ses vues personnelles : la riche, en apportant la position toute faite, la pauvre en la laissant faire. Mais la troisième au contraire n'offrait aucun avantage. En vertu de sa dot, elle se croyait des droits que sa famille se chargeait d'appuyer. Il fallait lutter. On était entravé, paralysé. Pour quelques centaines de mille francs, on avait abandonné l'autorité et la toute-puissance.

Cette conclusion, qui conduisait nécessairement au mariage avec Juliette, était si douloureuse à madame Daliphare, que pour ne pas l'accepter elle recommença l'examen de sa situation.

Mais, bien qu'elle prît des chemins différents, elle arriva au même point. Après avoir fait l'addition de haut en bas, elle la faisait de bas en haut, et, comme l'opération avait été juste la première fois, le résultat fut le même la seconde.

Juliette, partout et toujours Juliette :

Juliette, parce qu'elle était aimée et que rien ne résisterait à cet amour.

Juliette, parce qu'elle était pauvre.

Les heures avaient marché pendant ce travail pénible ; le ciel blanchissait du côté de l'orient, et un léger brouillard, s'élevant au-dessus de la rivière, montait le long des peupliers sombres. Madame Daliphare se décida enfin à se mettre au lit. Sa tête était fatiguée de toujours tourner et retourner les mêmes idées ; le lendemain elle aurait plus de calme, plus de fermeté pour se prononcer.

Si fatiguée qu'elle fût, elle ne laissa pas passer l'heure ordinaire de son lever et, comme tous les lundis, elle partit de Nogent pour arriver à Paris quelques minutes avant l'ouverture des bureaux.

Jusqu'au déjeuner elle travailla sans adresser à son fils d'autres paroles que celles qui avaient rapport aux affaires de la maison.

Mais, après le déjeuner, contrairement à ses habitudes, elle mit son chapeau et fit sa toilette pour sortir.

— Juliette est-elle chez elle aujourd'hui ? dit-elle à son fils.

— Je ne sais pas.

— Tu dois le savoir.

— Je le pense.

— Alors je vais la voir.

— Tu veux...

— Je veux lui parler, et je veux avoir un entretien avec sa mère. Je serai de retour dans deux heures.

— Mais...

— Dans deux heures.

XXXI

C'était la première fois que madame Daliphare allait chez les Nélis. Il n'entrait pas dans ses habitudes, en effet, de rendre visite à ses amis : elle les recevait chez elle et était heureuse de les voir dans sa maison et à sa table, mais elle n'allait pas chez eux. C'était ainsi qu'agissaient les anciens rois, qui ne daignaient que rarement honorer par leur présence les châteaux de leurs sujets.

Aussi Juliette fut-elle vivement surprise lorsqu'elle la vit entrer dans son atelier.

— Madame Daliphare !

— Ah ! ma pauvre enfant, dit madame Daliphare, se laissant tomber sur un siège, la peinture est un métier que je n'aurais pas choisi : il faut monter trop haut.

— Ce n'est pas seulement la peinture qui nous force à

demeurer au cinquième étage, répliqua Juliette, et je crois bien que si je ne faisais pas de la peinture, nous serions obligées de demeurer plus haut encore.

— Je sais que vous êtes une brave fille, et je vous estime pour votre ardeur au travail ; j'aime les femmes qui savent faire œuvre de leurs mains. A ce propos, ou plus justement sans aucun à-propos, où est madame Nélis?

— Elle est sortie pour une heure.

— Cela se trouve bien, nous allons pouvoir causer toutes les deux ; car vous pensez bien que si je viens vous voir, c'est pour quelque chose d'important. Je n'ai pas l'habitude de perdre mon temps dans le milieu de la journée.

Si la brusque entrée de madame Daliphare avait surpris Juliette, cette annonce d'un entretien sur un sujet important la rendit attentive.

— Personne ne peut nous déranger? demanda madame Daliphare.

— Personne.

— C'est égal, fermez la porte au verrou, je vous prie.

Pendant que Juliette faisait ce qui lui était demandé, madame Daliphare se débarrassait de son mantelet et de son chapeau ; car, si elle était habituée à ne jamais quitter ses gants, même pour écrire, elle était par contre mal à son aise dans des ajustements qu'elle ne portait pas d'ordinaire à son bureau.

— J'ai eu un entretien avec mon fils hier soir, dit-elle ; vous en avez fait le sujet. Adolphe m'a tout dit.

Juliette ne répondit rien, mais elle baissa les yeux sous le regard de madame Daliphare et son visage pâlit.

— Il ne faut pas vous troubler, continua madame Daliphare : je ne viens pas à vous en ennemie.

— Et pourquoi, du jour au lendemain, seriez-vous devenue mon ennemie, vous, madame, qui jusqu'à présent nous avez témoigné tant d'amitié?

— Croyez-vous que toutes les mères auraient pris la chose comme moi, et ne pensez-vous pas que plus d'une eût pu se fâcher terriblement contre vous?

— Contre moi? dit Juliette, relevant les yeux et regardant madame Daliphare en face. Pourquoi cette mère se serait-elle fâchée terriblement contre moi?

— Vous me la donnez bonne en me posant ces questions. Comment! vous me demandez pourquoi une mère, après un entretien comme celui que j'ai eu avec mon fils, se serait fâchée contre vous?

— Oui, madame, je le demande.

— Mais parce que mon fils vous aime, parce qu'un mariage a été arrêté entre vous sans mon consentement et à mon insu. Vous ne trouvez pas qu'il y a là de quoi fâcher une mère? Votre sang-froid est prodigieux.

— Ce n'est pas du sang-froid, madame, c'est de la surprise; plus que de la surprise, c'est de la stupéfaction.

— Ah! cela vous étonne que mon fils m'ait tout dit.

— C'est ce que vous appelez « tout » qui me surprend; et ce qui me stupéfie, c'est ce que vous venez de me répéter.

— Mon fils ne vous aime point? s'écria madame Daliphare, qui commençait à perdre patience.

— Mon Dieu! madame, je ne sais pas ce que M. Adolphe a pu vous raconter à mon sujet; mais, avant que vous me le répétiez, je vous demande la permission de vous dire « tout », moi aussi. Vous pourrez comparer ainsi nos deux récits et voir où est la vérité. Puisqu'une explication est entamée, il faut qu'elle soit complète; il y a longtemps d'ailleurs que je désirais l'avoir avec vous, et si je ne l'ai pas abordée encore, c'est pour ne pas fâcher M. Adolphe.

— Vous voyez bien.

— C'est vous, madame, qui allez voir. Peu de temps après son retour à Paris, M. Adolphe est venu ici.

— Un dimanche? interrompit madame Daliphare, qui n'oubliait rien.

— C'était en effet un dimanche; à cette époque, je travaillais pendant toute la semaine au Louvre, et le dimanche seulement je restais ici. Profitant d'un moment où nous étions seuls dans cet atelier, M. Adolphe me dit qu'il m'aimait depuis longtemps; puis il ajouta que pour combattre cet amour, il avait consenti à voyager à l'étranger, mais l'absence n'avait point affaibli son amour. Enfin il termina en me demandant de devenir sa femme.

— Sa femme, comme ça, tout de suite! Et vous n'avez pas été surprise?

— Au contraire, et le mot est même beaucoup trop faible pour exprimer le sentiment que j'éprouvai.

— Bien cela, bien; j'ai toujours dit que vous aviez le cœur haut. Vous avez dû être blessée d'une demande qui vous était adressée sans mon assentiment.

— C'est précisément ce défaut de consentement que j'ai représenté à M. Adolphe.

— Très bien.

— Je lui ai demandé si vous approuviez ce projet de mariage, et comme il ne me répondait pas, je lui ai fait observer qu'il n'était pas probable que, dans votre position de fortune, vous voulussiez jamais accepter pour belle-fille une femme qui n'avait rien.

— Évidemment cela n'était pas probable.

— D'un autre côté, je lui ai fait observer encore que, quand même vous consentiriez à passer par-dessus la question d'argent, tout ne serait pas dit, et qu'il resterait encore la question de position ; c'est-à-dire que vous étiez une femme de commerce, et que moi j'étais une artiste, ce qui créait entre nous des incompatibilités de goût et d'habitude.

— Mais c'est très juste tout cela, et qu'a répondu mon fils ?

— Qu'il obtiendrait votre consentement, et que je ne savais pas ce que peut l'amour. Si ce ne sont pas les paroles mêmes de notre entretien, je vous affirme que c'en est le sens aussi exact que possible.

— Je vous crois, ma chère enfant ; la vérité parle par vos yeux. Et c'est tout ?

— C'est l'essentiel au moins.

— Vous m'avez promis de me dire « tout ».

— Je le veux bien. Je lui dis encore que je ne désirais

pas me marier parce que j'aimais la peinture, que je ne voulais pas abandonner.

— Oh ! pour cela ! interrompit madame Daliphare, qui trouvait que cette raison avait bien peu de valeur si même elle était sérieuse.

— Je comprends, poursuivit Juliette, qu'il vous paraisse étrange de me voir préférer ma modeste position d'artiste à celle qu'un mariage avec votre fils pourrait me donner ; cependant cela est. De plus, j'avais une raison encore pour parler ainsi, et je ne la cachai point à M. Adolphe ; je lui dis que j'avais pour lui une grande amitié, une estime véritable, que je le savais bon et généreux.

— Trop bon, trop généreux.

— Mais enfin que ces sentiments chez moi n'allaient pas jusqu'à l'amour, et que par conséquent ils n'étaient pas assez forts pour me décider au mariage.

— Vous n'aimez pas Adolphe ? mais que m'a-t-il dit ?

— Je ne sais ce qu'il vous a dit, mais je sais ce que je lui ai dit, moi, et je vous le répète presque mot à mot.

— Ah ! vous n'aimez point mon fils, vous ne l'aimez point.

Disant cela, elle se leva brusquement et se mit à marcher de long en large dans l'atelier, les mains derrière le dos, la tête baissée.

Depuis qu'elle avait commencé cet entretien, elle avait passé par les résolutions les plus contraires.

En arrivant, elle était résignée à accepter Juliette pour belle-fille ; c'était une nécessité à laquelle elle cédait, faisant ainsi la part du feu, abandonnant une partie de ses espérances, afin de conserver au moins la direction de son fils.

En entendant Juliette exposer les raisons qui s'opposaient à son mariage avec Adolphe, elle s'était dit que tout n'était pas encore perdu, et qu'en manœuvrant bien on pouvait peut-être empêcher ce mariage, qui n'était pas si avancé qu'elle l'avait craint.

Enfin, en entendant Juliette dire qu'elle n'aimait point Adolphe, elle avait encore modifié ses dispositions.

Ah! elle ne l'aimait point; mais alors, si elle était sincère (et elle paraissait l'être), ce ne serait point une rivale.

Qu'Adolphe aimât Juliette, peu lui importait: il avait aimé d'autres femmes avant celle-là, et elle ne s'était point inquiétée de ces caprices changeants qui sont sans conséquence chez les hommes. Ce qui la touchait, ce qui la remplissait de joie, c'était que Juliette n'aimât point Adolphe.

Elle serait donc seule à aimer son fils, seule à s'occuper de lui, à le diriger, à le dominer; car enfin, la puissance en ce monde appartient à ceux qui aiment. Si cette puissance peut subir des affaiblissements, elle finit toujours par triompher.

Pendant les premiers mois, Adolphe pourrait être entraîné par sa femme; mais bientôt il reviendrait à celle qui l'aimait véritablement: à sa mère.

Rien ne serait changé à ce qui avait existé jusqu'à ce jour. Juliette ne s'intéresserait pas aux affaires, elle ne les connaissait pas, elle ne voudrait pas s'en occuper.

On lui ferait une vie agréable et facile dans un beau nid qu'on lui construirait; et pour tout on lui demanderait d'avoir un enfant qu'on élèverait en vue de hautes destinées. Elle était vraiment très belle femme, solide, saine; elle leur donnerait un bel enfant.

A cette pensée, madame Daliphare s'arrêta dans sa marche et, venant se poser devant Juliette surprise, elle resta à l'examiner longuement; du visage, son regard curieux descendit aux épaules, au corsage, aux bras.

— C'est vrai que vous êtes jolie, murmura-t-elle, très jolie; pourquoi avez-vous seulement les poignets si fins?

— Dame, je n'en sais rien.

— On dit que c'est distingué; moi, je les aimerais mieux plus gros, cela vous donnerait plus de force.

— Ce ne sont pas les os qui donnent de la force.

— Les os sont la charpente. Mais cela ne fait rien après tout, et n'empêche pas que je vous trouve belle.

Elle recommença sa marche silencieuse; mais, en revenant sur ses pas, elle s'arrêta encore devant Juliette.

— C'est une fièvre cérébrale qui a enlevé votre père, n'est-ce pas ?

— Je crois plutôt que c'est le souci et le chagrin.

— Et votre grand-père, de quoi est-il mort ? n'est-ce pas aussi d'une maladie cérébrale ?

— Je ne sais pas ; j'étais trop jeune à ce moment, et comme j'aimais beaucoup mon grand-père, on a commencé par me cacher sa mort aussi longtemps qu'on a pu ; depuis on a évité de me parler de lui jusqu'au jour où, dans mon insouciance d'enfant, je l'avais oublié.

— Enfin je le demanderai à votre mère, car nous avons des choses plus sérieuses que celle-là à dire entre nous ; il faut que nous soyons bien d'accord avant l'arrivée de madame Nélis. A quelle époque voulez-vous que nous fixions votre mariage ?

— Mon mariage ?

— Oui, votre mariage avec Adolphe : je vous donne mon consentement. Je n'ai point de rancune. J'oublierai les procédés d'Adolphe à mon égard, et je ne vous en rendrai point responsable, puisque je vois que vous en êtes innocente. Le plus coupable de nous tous en cette affaire, c'est moi, qui n'ai pas compris qu'en réunissant deux jeunes gens ils devaient s'aimer et oublier la différence de position qui les séparait. Maintenant que le mal est fait, il faut le réparer.

— Mais madame...

— Vous ne voulez pas faire le malheur de mon fils, n'est-ce pas ? Eh bien ! il faut que vous l'épousiez.

XXXII

Depuis que madame Daliphare savait son fils amoureux de Juliette, elle avait examiné toutes les probabilités qui pouvaient se présenter comme conclusion à cet amour.

Cependant il y en avait une qui n'avait point traversé nos esprit : c'était celle dans laquelle Juliette ne devenait

pas folle de joie en apprenant que son mariage avec
Adolphe était assuré.

Selon madame Dalipharo, il devait alors se produire
une explosion de reconnaissance qui jetait Juliette dans
ses bras.

C'était bien le moins. Un pareil mariage! On ne passe
pas ainsi tout à coup de la pauvreté à la fortune sans un
trouble de joie.

Aussi fut-elle déconcertée en voyant la froideur de Juliette. Mais ce moment de surprise dura peu, et bien vite
elle trouva une explication à l'attitude de Juliette.

— Elle veut se faire valoir, se dit elle.

Et comme elle connaissait toutes les roueries à l'usage
des commerçants qui veulent parer leur marchandise,
elle se promit de ne pas se laisser prendre à cette ruse.
Mais elle ne se fâcha pas, et, au fond du cœur, elle fut
plutôt satisfaite que blessée de rencontrer chez sa future
belle-fille cette force de caractère et cette habileté de
conduite.

— Ce sera une femme qu'on ne mettra pas dedans facilement.

Elle aimait les gens qui « ne se laissent pas mettre dedans », et, comme elle avait conscience de sa supériorité,
il lui plaisait d'avoir affaire à ces gens-là. La lutte la sti-
mulait et l'égayait.

— Ma petite fille, dit-elle, il faut être franche avec
moi : je le serai avec vous. Vous êtes intelligente, je ne
suis pas bête ; jouons cartes sur table : je suis certaine
que nous nous entendrons. Le mariage est une association
où chacun apporte ce qui lui appartient. La part de mon
fils, c'est sa fortune et sa situation ; la vôtre, c'est votre
beauté. Ne regimbez pas, je ne veux pas vous déprécier
ou vous humilier : on a ce qu'on a. Dans le présent, mon
fils a une fortune, et vous n'avez rien ; mais dans l'avenir
vous pouvez le rendre heureux, et je reconnais que le
bonheur est une valeur comme une autre, qu'on peut
prendre en compte. Je l'accepte donc ; seulement, comme
elle n'est payable qu'à long terme, je fais mes condi-

tions, vous ferez les vôtres après ; c'est par la discussion qu'on se met d'accord. Il y a deux choses dans la vie, n'est-ce pas ? les affaires de sentiment et les affaires d'intérêt. Les affaires de sentiment, je vous les abandonne, vous en serez seule maîtresse, et je vous promets de ne pas interven' u tre vous et votre mari, — si vous le rendez heureu '\ .nt aux affaires d'intérêt, c'est différent, je me les réserve, et je vous demande de ne pas intervenir entre Adolphe et moi. On me reconnaît de l'habileté dans les affaires, vous pouvez donc être certaine que les vôtres seront en bonnes mains. Je dis les vôtres, parce que je vous accorde le régime de la communauté, — réduite aux acquêts, bien entendu. D'autres, à ma place, partant de la différence considérable qui existe entre votre situation et celle d'Adolphe, exigeraient peut-être le régime de la séparation de biens ; moi, non. Je ne trouve pas ça juste ; je vous l'ai dit, le mariage est une association. Trouvez-vous que je vous fais d'assez beaux avantages, et un contrat rédigé d'après ces idées vous plaît-il ? Ne me dites pas que vous ne connaissez rien aux affaires : les femmes comprennent toujours celles qui sont à leur profit, et vous êtes trop fine pour ne pas voir que l'engagement moral que je vous demande est bien peu de chose à côté de l'engagement légal que je vous accorde.

Madame Daliphare avait parlé avec une telle volubilité que Juliette n'avait pas pu placer un seul mot. Plusieurs fois elle avait voulu interrompre ; mais toujours madame Daliphare lui avait imposé silence, soit avec la main, soit en élevant la voix.

— Voyons, mon enfant, dit madame Daliphare en l'arrêtant, que pensez-vous de mes conditions ? Avouez franchement que vous ne vous attendiez pas à cela. On dit madame Daliphare par-ci, madame Daliphare par-là, et l'on veut faire croire que je coupe les liards en quatre : vous voyez si c'est vrai. Mais attendez-vous à d'autres surprises. Parlez donc, répondez-moi, et si ça ne vous va pas, discutons nos arrangements, mettons-nous d'accord sans les gens d'affaires.

— Mais, madame, dit enfin Juliette, avant de nous mettre d'accord sur ces arrangements dont vous parlez, il faudrait l'être sur le mariage, et vous savez bien que je vous ai dit que je n'étais pas décidée à me marier.

— Tout ce que vous voudrez, mais pas cela, n'est-ce pas ? Parlons sérieusement.

— Rien n'est plus sérieux.

— Demandez-moi ce que vous voudrez, et, si c'est possible, je vous l'accorderai, je vous le promets ; vous verrez que je suis très large et que vous avez plus d'intérêt à être franche qu'à marchander ainsi.

— Ah ! madame, pouvez-vous croire...

— Je crois que vous êtes en défiance, et que vous vous figurez que je veux abuser de la supériorité de ma situation pour vous imposer de dures conditions. Alors, de votre côté, vous voulez vous servir de la puissance que vous donne l'amour de mon fils pour m'amener à composition. Vous voyez que je suis franche, mais en même temps vous voyez aussi que je ne me laisse pas prendre à ce jeu.

— Je vous jure que ce n'est pas un jeu, s'écria Juliette, et que je parle sincèrement.

— Alors, ma pauvre fille, vous êtes folle. Comment ! je consens à votre mariage avec mon fils, je vous apporte une fortune et une position, je vous assure un avenir magnifique ; à votre mère j'assure une vieillesse tranquille dans l'aisance ; vos enfants prendront la place qu'ils voudront dans la société. Et vous me repondez que vous n'êtes pas décidée à vous marier ! Que voulez-vous donc ? un roi ? Il y a des royaumes qui ne valent pas la maison Daliphare.

— Et si je vous disais que c'est précisément la richesse de la maison Daliphare qui me rend hésitante.

— Je vous répondrais que vous êtes de plus en plus folle.

— La fierté n'est pas de la folie ; je ne veux pas qu'on me reproche d'avoir fait une spéculation en me mariant.

— Et qui vous reprochera cela ? Pas moi, assurément.

— Vous m'avez tout à l'heure accusée de spéculer sur l'amour de votre fils pour vous arracher je ne sais quels avantages.

— Il n'y avait dans mes paroles ni accusations ni reproches. Je trouve tout naturel que vous ayez désiré épouser mon fils ; de même je trouve tout naturel aussi que, vous sachant aimée, vous ayez voulu tirer parti de cet amour. Chacun pour soi.

Il ne convenait pas à Juliette d'engager avec madame Daliphare une discussion sur ce sujet, ni de relever ce qui la blessait dans ses idées « naturelles ». Elle se contenta de répéter ce qu'elle avait dit : elle tenait à sa liberté, — elle ne voulait pas renoncer à la peinture, — enfin elle avait plus d'effroi que de goût pour le mariage.

Tout cela fut dit par elle d'un ton calme, avec des mots choisis pour ménager l'amour-propre d'Adolphe et ne pas blesser madame Daliphare.

— Vous savez, dit celle-ci, que je vous ai toujours considérée comme une originale ; mais ce que vous faites en ce moment dépasse ce que j'attendais de vous. Ce n'est plus de l'originalité, c'est de la démence. Cependant, ma chère Juliette, je ne ferai rien pour changer votre détermination. Quand j'ai vu mon fils décidé à vous épouser, je vous avoue que j'ai été très malheureuse, et tout d'abord j'ai pensé à m'opposer à ce mariage, qui, à cause de votre manque de fortune, ne satisfaisait point mon ambition ; car pour Adolphe j'ai de l'ambition, j'en ai même beaucoup. Si j'ai cédé, ç'a été pour ne pas pousser mon fils au désespoir. Il m'a dit que je tenais sa vie et son bonheur entre mes mains ; naturellement je lui ai sacrifié mes projets et je suis venue à vous. Maintenant vous me repoussez. Vous devez comprendre que je ne peux pas insister et que je retourne à mes anciennes idées. C'est affaire désormais entre vous et mon fils. Tout ce que je vous demande, c'est de dire à Adolphe la démarche que j'ai faite auprès de vous, car il ne la connaît pas ; il sait que je suis ici, cela est vrai, mais il ignore dans quel but. Vous voudrez bien lui expliquer que, pour le rendre heureux, j'étais venue vous apporter mon consentement à votre mariage, et que c'est vous, vous seule qui n'avez pas voulu me donner le vôtre.

— Mais, madame...

— Mais, ma chère fille, j'aime mon fils, moi. S'il est malheureux, je veux qu'il sache au moins que ce n'est pas par ma faute. Je pourrais sans doute lui donner ces explications moi-même ; il me semble qu'elles lui seront moins douloureuses dans votre bouche. Vous lui devez bien cela.

Sur ce mot elle se leva, et, ayant regardé l'heure à sa montre, elle remit en un tour de main son chapeau et son mantelet.

Mais, à ce moment, on frappa à la porte de l'atelier.

— Tu es enfermée ? cria la voix de madame Nélis.

Juliette alla ouvrir la porte, et dans le vestibule on aperçut madame Nélis, qui tenait dans ses bras une pièce d'étoffe dépliée.

— Tiens, cette chère madame Daliphare ! s'écria madame Nélis ; comme ça se trouve ! Vous allez me donner votre avis sur cette robe que je viens d'acheter ; 39 sous le mètre, n'est-ce pas que c'est bon marché ? Il y avait la même disposition en soie, et c'était délicieux ; mais, vous savez, il faut faire des économies. Quel bon vent vous amène chez nous ?

— Je venais pour fixer le jour du mariage de Juliette et d'Adolphe, dit madame Daliphare d'un ton bourru.

La surprise fut si grande chez madame Nélis, qu'elle laissa tomber son étoffe « délicieuse » ; puis, marchant dessus sans souci de la friper, elle se jeta dans les bras de madame Daliphare.

Mais celle-ci ne s'abandonna point à cette effusion démonstrative.

— Gardez votre satisfaction, dit-elle ; Juliette ne veut pas de mon fils.

— Comment !

— Elle... n'en... veut... pas.

Madame Nélis resta un moment décontenancée, regardant madame Daliphare, regardant sa fille, et se demandant manifestement si elle rêvait. Mais elle se remit bien vite.

— Ah! permettez, dit-elle, les mariages se traitent entre les parents et non entre les enfants, c'est la règle; il est des convenances que les gens du monde...

— Nos enfants ont changé cette règle, interrompit madame Daliphare; demandez à votre fille.

— Permettez, permettez, ce qu'on fait sans en avoir le droit n'existe pas pour moi; je suis le chef de la famille, c'est à moi de répondre à votre demande et non à ma fille.

Cela fut dit avec dignité, mais sans toucher madame Daliphare, qui, arrêtée un moment dans sa marche, continua d'avancer vers la porte.

— Pour moi, poursuivit madame Nélis, je dois vous dire que je suis heureuse de votre demande; j'aime beaucoup Adolphe et je ne connais pas d'homme qui mérite mieux que lui d'être mon gendre. Vous avez donc mon consentement.

— C'est celui de Juliette que mon fils désire.

— Ceci est mon affaire; je parlerai à ma fille, je lui ferai entendre la voix de la famille. Je vous demande jusqu'à demain pour vous porter ma réponse.

— Alors à demain, dit madame Daliphare.

Puis se tournant vers Juliette :

— Je vous enverrai Adolphe; n'oubliez pas ce que vous m'avez promis.

En rentrant dans l'atelier, madame Nélis aperçut son étoffe sur le parquet; elle alla la ramasser, puis elle la posa sur un fauteuil en la drapant de manière à simuler les plis d'une jupe.

— Si tu n'avais pas fait cette réponse à madame Daliphare, dit-elle à sa fille, je serais allée tout de suite chercher la disposition en soie; mais j'espère que demain tout ne sera pas vendu. N'est-ce pas que c'est délicieux?

— Ah! maman, je n'ai pas l'esprit à la toilette.

— C'est juste, et, pour le moment, nous avons affaire plus pressante. Causons de ton mariage.

XXXIII

Convaincue que madame Dalipharc n'accepterait pour belle-fille qu'une femme riche, Juliette n'avait jamais cru sérieusement à son mariage avec Adolphe.

Cependant elle avait supporté que celui-ci l'entretînt de son amour, et jusqu'à un certain point elle l'avait encouragé.

De là était résultée une situation ambiguë : Adolphe considérait Juliette comme engagée envers lui, Juliette ne se considérait pas du tout comme engagée envers Adolphe.

Et, à vrai dire, l'un et l'autre avaient raison, chacun d'eux se plaçant à un point de vue particulier : — Elle m'écoute, se disait-il. — Je ne lui réponds pas, se disait-elle, ou, si je le fais, c'est pour lui démontrer les impossibilités qui s'opposent à ce mariage.

Assurément, en la jugeant d'après la morale pure, elle avait tort d'agir ainsi, et, pour être irréprochable, elle devait, si elle ne voulait pas l'accepter pour mari, elle devait lui fermer la bouche et mieux encore, elle devait éviter sa présence.

Mais elles sont rares les femmes et les jeunes filles qui se refusent à écouter des paroles d'amour. Quel danger est à craindre lorsque le cœur n'est pas le complice de l'oreille ? Il y a dans la voix de celui qui aime une musique qu'on trouve toujours douce à entendre. Deux yeux alanguis par la tendresse ou allumés par la passion ne sont pas désagréables à regarder.

Il ne lui déplaisait point de voir l'émotion d'Adolphe lorsqu'elle arrivait à Nogent, et même elle avait plaisir, par un serrement de main, par un sourire, par une fleur offerte, de le rendre heureux. A quoi bon refuser à ce pauvre garçon qui l'aimait, des joies qu'elle pouvait lui donner sans engager son cœur ?

Parfois même elle se reprochait de ne pas aller jusqu'à cet engagement.

Pourquoi ne l'aimerait-elle pas? Il était jeune, beau garçon; il avait de la bonté, de la générosité. On trouverait-elle un meilleur mari? Pourquoi n'accepterait-elle pas la position brillante qu'il lui offrait? Si la richesse n'est pas tout en ce monde, elle a cependant une valeur qu'il est niais de vouloir contester. Elle serait riche; toutes les satisfactions que le monde envie, elle pourrait se les donner. Sa mère serait heureuse.

Mais alors quelque chose en elle se révoltait.

Avait-elle perdu toute fierté de vouloir faire un mariage d'argent? Et c'était bien un mariage d'argent qu'elle allait faire, puisqu'elle n'aimait pas Adolphe. C'était pour la fortune qu'elle abandonnait la peinture; c'était pour de l'argent qu'elle se livrait. Assurément elle n'eût pas épousé Adolphe s'il avait été pauvre : comment était-elle assez basse pour l'accepter par cette seule raison qu'il était riche?

Qu'était la vie du mariage, du ménage? La vie bourgeoise avec les niaiseries et les petitesses que le monde impose.

Par le travail, par le milieu dans lequel elle s'était trouvée jetée, elle avait pu se placer au-dessus de ces petitesses, et maintenant elle allait les subir sans y être impérieusement contrainte. Elle ferait des visites, elle bavarderait sur des sujets insignifiants, sur la toilette de celle-ci, sur les amants de celle-là, sur le sermon du prédicateur à la mode. Son ambition serait d'avoir un jour bien suivi, sa gloire de porter une toilette aux courses de Longchamps qui fût remarquée. Toute sa vie se passerait dans ces grandes choses qui l'useraient si elles ne l'emplissaient pas. Plaisirs de l'esprit, joies du cœur : c'en était fait pour jamais.

Et si elle aimait un jour, si l'amour la prenait et la domptait, que ferait-elle? Il faudrait fermer les yeux à la lumière et détourner les lèvres de la coupe. Elle serait mariée.

Pour n'avoir point aimé jusque-là, elle n'en avait pas moins fait des rêves d'amour qui l'avaient promenée dans un paradis d'autant plus beau que c'était pour elle celui de l'imagination, celui de la fantaisie, celui de la poésie et non celui de la réalité.

Si elle se mariait, il fallait renoncer à le visiter jamais, ce paradis enchanté, et couper les ailes à son âme pour marcher prosaïquement dans le pays des mines d'argent.

Alors le souvenir de ses rêveries lui revenait, et aussi celui des enthousiasmes de sa vingtième année, mêlé à ses lectures.

> Ce qui remplit une âme, hélas ! tu peux m'en croire,
> Ce n'est pas un peu d'or ni même un peu de gloire,
> Poussière que l'orgueil rapporte des combats;
> Ni l'ambition folle occupée aux chimères,
> Qui ronge tristement les écorces amères
> Des choses d'ici-bas.
>
> Non; il lui faut, vois-tu, l'hymen de deux pensées,
> Les soupirs étouffés, les mains longtemps pressées,
> Le baiser, parfum pur, enivrante liqueur,
> Et tout ce qu'un regard dans un regard peut lire,
> Et toutes les chansons de cette douce lyre
> Qu'on appelle le cœur !

Si pendant longtemps elle avait été partagée entre ces deux alternatives, qui quelquefois lui faisaient admettre l'idée d'un mariage avec Adolphe, et plus souvent la lui faisaient repousser, elle fut encore bien plus péniblement agitée lorsque après le départ de madame Daliphare il lui fallut entrer en discussion avec sa mère.

Tant que madame Nélis plaida la cause de la famille et fit valoir les droits maternels outragés en sa personne, elle trouva à répondre. Mais il vint un moment où madame Nélis, après avoir épuisé tous les lieux communs de la morale publique, tomba des généralités dans la personnalité, et alors il fut plus difficile ou tout au moins plus douloureux pour Juliette de se défendre.

— Que tu aies cru pouvoir te mettre au-dessus des usages traditionnels, dit madame Nélis, je le comprends ; c'est une conséquence des habitudes de liberté que j'ai eu la faiblesse de te laisser prendre : je suis punie par où

j'ai péché. C'est ma faute, je ne dis rien : je n'ai pas la
lâcheté de me plaindre quand je suis coupable. Si j'avais
mieux tenu à mes droits de mère, tu aurais mieux ob-
servé tes devoirs de fille : c'est logique. Mais que tu n'aies
pas pensé à moi, voilà ce que je ne peux pas admettre,
car si tu as quelquefois l'esprit mauvais, tu as toujours
le cœur bon, je te rends cette justice.

— En quoi devais-je penser à toi ?

— Comment, en quoi ? Voici une curieuse question.
Crois-tu que cette vie d'artiste que te convient, à toi,
soit digne de mes habitudes et de mes principes ? Tu travailles, cela te plaît, c'est parfait ; mais, moi, cela m'humilie. Ma fille travailler, j'en suis rouge de honte. Et puis
où cela nous conduit-il, ce travail ? A vivre mesquinement,
misérablement, dans ce cinquième étage, bon tout au
plus pour des ouvrières. Après tout n'en sommes-nous
pas ?

— Tu sais bien que ce que tu dis là n'est pas juste.

— Ah ! oui, tu es une artiste. Eh bien, artiste ou ouvrière, qu'importe ; tu travailles de tes mains, n'est-ce
pas ? Tu prétends que ce travail te donnera la gloire et la
fortune ; c'est possible, je ne veux pas te décourager.
Mais dans combien de temps ? Je vieillis tous les jours et
vite, ce qui n'est pas étonnant avec notre genre de vie.

— Manques-tu de quelque chose ?

— Sans doute, j'ai à manger tous les jours ; j'ai un lit
pour dormir et j'ai une robe pour me vêtir. Mais après ?
Est-ce là vivre pour une femme comme moi ? Chez mon
père, notre table était servie avec des fleurs ; chaque
jour, avant de sortir en voiture, j'avais le plaisir de ne
pouvoir me décider entre dix toilettes. Quand j'ai été
mariée, ça été la même chose. On ne passe pas facilement
de ces habitudes à une vie de privations et de misère. Si,
par ton travail, tu pourvois à nos grossiers besoins de
chaque jour, à ce qu'on peut appeler la vie animale, ce
travail ne peut pas me rendre les satisfactions qui étaient
l'existence même pour moi : les visites, les soirées, les
promenades en voiture ; en un mot, le monde ! Tout à

coup, la Providence, qui, après nous avoir si rudement éprouvées, nous devait une compensation, nous offre ces satisfactions; tu n'as qu'à dire oui pour me les rendre, et c'est bon que tu dis. As-tu agi en fille qui aime sa mère? Tu as agi en artiste, en fille libre. Mais tu n'as donc pas pensé, pauvre enfant, que je peux te perdre? Alors que deviendrai-je? Il me faudrait travailler; mais je ne sais pas travailler, moi!

Juliette ne pouvait rien répondre aux plaintes de cet égoïsme, féroce dans sa naïveté; car elle savait que sa mère était de bonne foi et que toutes les raisons du monde ne la persuaderaient pas qu'elle n'était pas la plus malheureuse des femmes. Et de fait ne l'était-elle pas réellement, puisqu'elle s'imaginait l'être? Il était certain qu'elle devait cruellement souffrir de voir manquer ce mariage qui eût rendu à sa vieillesse les plaisirs de sa jeunesse. Elle avait raison d'ailleurs quand elle demandait si la richesse gagnée par la peinture arriverait jamais, et raison encore quand elle s'inquiétait de la possibilité de rester seule. Que ferait-elle alors? Que deviendrait-elle? Ce serait pour elle la mort dans la misère.

Après l'assaut donné par la mère vint celui donné par Adolphe.

Il arriva, haletant d'anxiété. Que s'était-il passé? Sa mère n'avait voulu rien lui dire, si ce n'est qu'elle avait vu Juliette et que celle-ci avait une communication à lui faire. Il n'avait pas perdu son temps à insister; mais, prenant son chapeau, il était accouru.

— Que vous a dit ma mère? que lui avez-vous répondu? Si elle vous a fâchée, soyez indulgente pour elle.

— Ce n'est pas à moi d'être indulgente pour elle, c'est à vous d'être indulgent pour moi.

Elle lui raconta alors comment madame Daliphare était venue lui demander de fixer elle-même le jour de leur mariage.

— Ah! bonne mère, s'écria-t-il, c'est donc là ce qu'elle m'a caché? C'était pour que vous me l'appreniez vous-même, chère Juliette. Vous voyez comme elle est bonne.

Et pourtant elle a résisté à ce mariage ; mais quand elle a vu que ma vie en dépendait, elle a cédé. Vous verrez quels trésors de générosité il y a en elle. Vous l'aimerez, n'est-ce pas ? C'est la première prière que j'adresse à ma chère femme.

Et, se mettant à genoux devant elle, il lui prit les deux mains qu'elle abandonna.

Cependant il fallait parler, il fallait briser ces illusions : le malheureux, comme il allait souffrir ! A cette pensée, elle fut prise d'une profonde pitié. Mais elle se roidit contre son émotion, et, en détournant les yeux, cherchant les paroles les plus douces qu'elle pût trouver, elle lui rapporta la réponse qu'elle avait faite aux propositions de sa mère.

Il l'avait écoutée en la regardant, devinant ses paroles quand elles arrivaient sur ses lèvres. Aux derniers mots qu'elle prononça, il abandonna ses mains, qu'il tenait dans les siennes. Alors elle releva les yeux sur lui : il était si pâle et si tremblant qu'elle fut effrayée.

— Vous, Juliette ? s'écria-t-il ; est-ce vous que je jugeais la plus fière et la plus loyale des femmes ?

— J'ai parlé avec sincérité, dit-elle en balbutiant.

— Avec ma mère peut-être, mais avec moi avez-vous agi sincèrement et loyalement ?

— Je vous ai dit que je ne voulais pas me marier.

— Peut-être, mais vos actes étaient-ils conformes à vos paroles ? Avez-vous permis que je vous entretienne de mon amour, m'avez-vous toléré près de vous ? avez-vous jamais montré que mon amour vous blessait, que ma présence vous était gênante ou désagréable ?

— Elle ne me l'était point.

— Mais je ne peux pas croire pourtant que ma tendresse et ma passion n'étaient pour vous qu'un divertissement et qu'un jeu. Cela serait d'une coquette et non de la jeune fille honnête et loyale que j'adore.

— Vous savez bien que je ne suis pas une coquette.

— Aussi je vous dis qu'il est impossible qu'après m'avoir permis l'espérance pendant des mois et des années, qu'après m'avoir encouragé à tout faire pour vous obtenir, vous veniez me briser le cœur aujourd'hui et me dire : « Je ne veux pas me marier. » Vous savez que ma vie est dans cet amour; c'était quand vous l'avez deviné qu'il fallait le décourager. Écoutez-moi, écoutez ma prière et aussi la voix de votre honnêteté : si vous me dites que vous ne voulez pas être ma femme, je vais partir sans une plainte et sans un reproche, et vous ne me reverrez jamais. Aurez-vous ce courage? C'est à votre conscience que je fais appel.

Elle resta pendant plus de cinq minutes, les yeux baissés.

Enfin elle lui tendit la main :

— Qu'il soit fait selon votre désir, dit-elle; je serai votre femme, puisqu'il paraît que je dois l'être.

XXXIV

Le consentement de madame Daliphare obtenu et celui de Juliette accordé, il semblait que ce mariage, qui avait été si lourd à mettre à flots, devait voguer jusqu'au port les voiles pleines : les eaux désormais seraient tranquilles, le ciel serait clément; il n'y aurait qu'à s'abandonner au courant et au zéphir.

Il n'en fut cependant pas ainsi, et à propos du contrat de mariage il s'éleva entre la mère et le fils des discussions qui finirent par faire surgir de nouvelles difficultés.

Dans son expansion de bonheur, Adolphe avait besoin de manifester son amour par des actes extérieurs qui parlassent d'eux-mêmes. Il était dans la période où les paladins descendaient aux enfers quand ils ne pouvaient pas monter au ciel ; car tous tant que nous sommes, et si bourgeois que nous soyons, nous avons eu dans notre vie un moment où nous avons été paladins. Notre âge ne nous offrant plus l'Hippogriffe, Adolphe s'était rabattu sur les moyens qui se trouvaient à sa disposition, et il avait choisi le contrat de mariage pour proclamer son enthousiasme et son amour : on dépense sa poésie comme on peut.

Adolphe avait trouvé qu'il était grand de reconnaître à Juliette, qui n'avait rien, un apport de un million. C'était juste ce qu'il possédait en propre comme héritier de son père. Il eût voulu avoir davantage pour donner davantage à celle qu'il aimait; mais enfin il faisait ce qu'il pouvait.

A cette proposition madame Daliphare avait poussé les hauts cris, et il lui avait fallu réfléchir que son fils devait être fou de joie pour l'écouter jusqu'au bout. Avec les ménagements qu'on doit à un malade, elle lui avait représenté ce qu'un pareil projet avait d'extravagant. Juliette pouvait mourir à sa première couche, son enfant pouvait ne pas naître viable : ce million passerait donc, en totalité ou en partie, aux mains de madame Nélis? Etait-ce là une chose raisonnable?

Adolphe persista dans son projet, madame Daliphare dans sa résistance ; ce fut elle qui à la fin l'emporta, car, lorsqu'il s'agissait de ses intérêts, elle avait une habileté et une ténacité qui presque toujours lui assuraient la victoire.

Cependant, dans cette circonstance, elle ne triompha pas aussi pleinement que de coutume; il lui fallut faire des concessions et son succès lui coûta cher.

Battu sur la question des apports, Adolphe l'emporta sur celle des donations et, de haute main, il fit inscrire dans le contrat un article par lequel « le futur époux faisait donation à la future épouse, qui l'acceptait, de tous les biens, meubles et immeubles qui lui appartiendraient au jour de son décès ; ladite donation étant irrévocable, ne devait subir d'autres réductions que celles spécifiées dans l'article 1094. »

Pendant huit jours madame Daliphare batailla sur cet article, et ce ne fut pas trop de toute la diplomatie de M. de la Branche pour la contraindre à céder : elle ne disait pas non, mais elle ne disait pas oui non plus, et chaque matin elle arrivait avec une nouvelle proposition qui démolissait l'arrangement qu'on croyait lui avoir fait accepter la veille. Ce qui la révoltait, ce n'était pas tant l'énormité du don que son irrévocabilité : elle ne comprenait pas qu'un homme (riche) fût assez bête pour ne pas vouloir tenir sa femme (pauvre) dans sa dépendance : « Si elle te rend heureux, disait-elle à son fils, tu lui feras un testament qui sera sa récompense ; si elle ne te rend pas heureux, tu ne lui laisseras rien : l'espérance du testament la fera douce et facile. »

Enfin M. de la Branche eut la satisfaction de rédiger lui-même (car il ne voulut pas céder cette joie à un clerc) ce fameux contrat de mariage, et, au-dessous des apports d'Adolphe Daliphare, qui formaient une respectable énumération, d'inscrire ceux de Juliette Nélis, consistant simplement « en habillements, linges, hardes et bijoux à son usage personnel, auxquels il n'était pas donné d'estimation ». Pas si « sot », ledit notaire ; malheureusement il ne pouvait pas faire savoir à celle dont il se vengeait la part qu'il avait eue dans cette négociation.

Les clauses du contrat discutées et arrêtées, on devait croire que tout était fini, mais à son tour madame Nélis intervint.

Tant qu'on avait agité les questions d'intérêt, elle avait montré une sérénité admirable : des choses d'argent ! elle ne se mêlait pas de ça ; des notaires ! elle ne discutait pas avec ces gens-là, elle leur donnait ses idées, voilà tout. Que voulait-elle ? le bonheur de ses enfants, car tous deux étaient ses enfants, et ils lui étaient également chers.

Mais après qu'on se fût mis d'accord sur les affaires de « ces chers enfants » il fallut traiter une affaire qui la touchait personnellement, et alors elle perdit quelque peu de son calme.

Madame Daliphare trouvait juste et naturel de continuer à demeurer avec son fils quand celui-ci serait marié, mais par contre elle trouvait absurde que madame Nélis voulût rester près de sa fille. De là une difficulté assez sérieuse, car madame Nélis, qui d'ordinaire ne tenait pas à grand'chose, tenait essentiellement à ne pas se séparer de Juliette. Elle avait été associée à sa vie de pauvreté et de travail, elle voulait l'être à sa vie de richesse et de plaisir.

Pour lui assurer une existence indépendante, madame Daliphare avait eu l'idée de la loger à Nogent dans une petite maison enclose dans sa propriété. Elle serait ainsi près de sa fille quand celle-ci viendrait à la campagne, et en même temps elle serait une surveillante qui empêcherait les jardiniers d'aller se promener et de perdre leur temps.

Cette proposition avait indigné madame Nélis. Elle avait la campagne en horreur : pour elle c'était un endroit où l'on porte les ordures des villes et où l'on élève des cochons. Sans doute la campagne est nécessaire, car on ne peut pas laisser les ordures dans les villes, et la charcuterie est une bonne chose quand elle est bien préparée ; mais enfin on ne pouvait obliger les honnêtes gens à demeurer au milieu des champs, des arbres, de l'herbe, le ciel et toujours le ciel, de l'herbe, des arbres, ce serait à périr d'ennui.

— Si l'on veut se débarrasser de moi, avait-elle dit à sa fille, qu'on soit franc : je saurai mourir courageusement pour assurer ton bonheur. Les mères n'ont-elles pas toujours donné leur vie à leurs enfants ? La mort par le poison n'a rien qui m'épouvante ; mais je ne vivrai point à la campagne.

Cette négociation avait été très douloureuse pour Juliette, malgré les ménagements d'Adolphe ; enfin elle avait pu faire comprendre à sa mère que la vie en commun avec madame Daliphare serait délicate, et qu'il ne fallait pas s'exposer aux querelles qui pouvaient s'engendrer dans un contact de tous les instants ; mais cela n'avait point été facile.

— Je ne suis point querelleuse, répondait madame Nélis ; d'ailleurs je ne demande pas à madame Daliphare de vivre avec nous. Qu'elle reste chez elle et nous laisse chez nous. Pourquoi veut-elle demeurer avec son fils et ne

veut-elle pas que je demeure avec ma fille ? Croit-elle
donc que je n'ai pas un cœur de mère ? Si elle comprenait certaines choses que je ne peux pas lui dire, mais
que je lui fais sentir, elle serait heureuse de me voir consentir à rester près de toi. Est-ce elle qui pourra donner à
votre maison le ton que votre fortune exige ?

A la fin, Adolphe avait pu arriver à une conciliation :
madame Nélis aurait un appartement à Paris pour l'hiver,
et l'été seulement elle habiterait Nogent. Ni madame Daliphare ni madame Nélis n'avaient été satisfaites de ces
concessions, mais elles avaient cédé de guerre lasse.

— Ta belle-mère n'a point de cœur, avait dit madame
Nélis à sa fille.

— Ta belle-mère n'a point de dignité, avait dit madame
Daliphare à son fils.

Pendant ces luttes, le temps avait marché : les publi-
cations avaient été faites, les toilettes avaient été com-
mandées et essayées, la corbeille avait été choisie par
Adolphe avec une prodigalité qui avait indigné madame
Daliphare, et le moment du mariage était enfin arrivé.

Le jour du contrat, qui s'était signé dans le salon de
madame Daliphare, les employés de la maison avaient été
admis à l'honneur de présenter leurs hommages et leurs
souhaits à Juliette.

C'était Lutzius qui avait porté la parole au nom de
tous, et il avait commencé son discours sur un ton tellement ému, qu'il avait eu bientôt la voix coupée par les
larmes. Flavien s'était alors avancé timidement, poussé
et encouragé par Mayadas, et il avait présenté une pièce
de vers imprimée en lettres d'or ; le nom de Juliette avait
naturellement amené une invocation à Shakespeare, et
Adolphe était devenu un Roméo.

La cérémonie avait été fixée au lundi : le mariage avait
lieu à l'église des Blancs-Manteaux, d'où l'on partait pour
aller déjeuner à Nogent ; après le déjeuner, les deux mariés revenaient à Paris, à la gare de Lyon, où ils prenaient le train de Genève.

Ç'avait été pour madame Nélis une grande affaire que

le choix d'une toilette ; mais l'argent ne lui étant plus
parcimonieusement ménagé, elle avait pu la mener à
bonne fin.

Dès dix heures du matin elle était habillée, et quand
elle entra chez sa fille pour voir si celle-ci était bientôt
prête, elle fut stupéfaite de la trouver devant une table,
travaillant à une aquarelle.

— Es-tu folle? s'écria madame Nélis se penchant par-
dessus son épaule; c'est pour des bêtises pareilles que tu
n'as pas encore commencé à t'habiller? Qu'est-ce que
c'est que ça ? Des nuages, la mer, et rien du tout.

— C'est vrai, dit Juliette ; tu as bien raison d'appeler
ça des bêtises, c'est l'infini.

— Va t'habiller.

— J'y vais, maman.

Mais arrivée à la porte, elle s'arrêta et se retournant,
elle regarda longuement cet atelier où elle avait tant travaillé. Il fallut que sa mère la tirât par le bras pour la
faire sortir.

Il y avait foule à l'église des Blancs-Manteaux, et madame Daliphare eut un sourire d'orgueil en voyant
presque toutes les places occupées. Quant à Adolphe,
était radieux, et la joie qui resplendissait sur son visage
lui faisait une véritable auréole. Juliette fut diversement
jugée : on l'applaudit et on l'attaqua. Pour les hommes,
elle était adorable ; mais les femmes la discutèrent vivement. Sans doute elle était très belle ; seulement... et les
seulement s'égrenèrent comme un long chapelet tant que
dura la messe.

En descendant de voiture à Nogent, madame Daliphare
prit sa belle-fille par la main, et au lieu de la faire entrer
dans la maison, elle l'emmena par les allées du jardin.
Adolphe, sans rien dire, venait derrière elles.

Ils arrivèrent ainsi à un bâtiment qui autrefois était une
orangerie. Madame Daliphare ouvrit la porte et, s'effaçant, elle poussa doucement Juliette devant elle.

— Vous avez dû être surprise, dit-elle, au milieu des

cadeaux qu'on vous faisait, de ne pas trouver le mien ; le voici.

L'orangerie avait été transformée en un splendide atelier : les murs étaient tendus de vieilles tapisseries, à l'exception de celui du fond, contre lequel était posé le grand tableau de Francis Airoles.

— C'est une surprise, dit madame Daliphare ; vous voyez que l'argent est bon à quelque chose.

Adolphe s'avança vivement, car il avait toujours peur quand sa mère parlait d'argent.

— Vous voyez que nous ne vous demandons pas de renoncer tout à fait à la peinture.

Juliette embrassa madame Daliphare et serra la main de son mari.

A sept heures, les mariés montèrent en voiture pour venir au chemin de fer de Lyon ; madame Daliphare et madame Nélis voulurent les conduire.

Cette dernière profita de cette réunion pour donner à sa fille quelques bons conseils sur les nouveaux devoirs que le mariage lui imposait. Puis quand elle eut terminé son petit discours, elle adressa quelques recommandations à Adolphe, à propos de leur voyage. A Genève, il ferait bien d'acheter des montres ; à Saint-Gall, des broderies fines au plumetis.

Madame Nélis voulut voir ses enfants installés dans le coupé qui avait été retenu par eux.

La cloche sonna, la machine siffla, le train partit.

— Bon voyage ! cria madame Nélis en pleurant,

— Pourquoi pleurer ? dit madame Daliphare ; ils ont voulu ce mariage, ils doivent être heureux. (1)

FIN DU MARIAGE DE JULIETTE

----

(1) L'épisode qui suit *Le Mariage de Juliette* a pour titre : *Une Belle-Mère.*

ÉMILE COLIN — IMPRIMERIE DE LAGNY